作者简介

曾 攀，湖北省博物馆陈列部主任，文博副研究馆员。2011年进入湖北省博物馆工作，负责展览策划、内容设计等工作。曾策划组织赴美国、意大利、印度等国的文物出境展，负责的"万里茶道""华章重现——曾世家文物特展""湖北省博物馆新馆基本陈列"等多个展览获"弘扬中华优秀传统文化、培育社会主义核心价值观"主题展览、全国博物馆十大陈列展览精品推介精品奖。

缪斯
MUSE
文库

本书由中国博物馆协会与腾讯基金会"腾博基金"资助

金声玉振

Sound from Bronze Bells and Stone Chimes

湖北省博物馆
"曾侯乙展"
策展笔记

曾 攀 著

ZHEJIANG UNIVERSITY PRESS
浙江大学出版社
·杭州·

图书在版编目（CIP）数据

金声玉振：湖北省博物馆"曾侯乙展"策展笔记 /
曾攀著. —杭州：浙江大学出版社，2023.11
（中国博物馆陈列展览精品·策展笔记）
ISBN 978-7-308-23701-7

Ⅰ.①金… Ⅱ.①曾… Ⅲ.①博物馆－曾侯乙墓－编
钟－陈列－策划－湖北 Ⅳ.①G269.276.3

中国国家版本馆CIP数据核字（2023）第071188号

金声玉振

湖北省博物馆"曾侯乙展"策展笔记
JIN SHENG YU ZHEN: HUBEI SHENG BOWUGUAN "ZENGHOU YI ZHAN" CEZHAN BIJI
曾 攀 著

出 品 人　褚超孚
项目负责　陈　洁
策划编辑　张　琛　陈佩钰　吴伟伟
责任编辑　吴伟伟　陈思佳
责任校对　汪淑芳
封面设计　程　晨
责任印制　范洪法
出版发行　浙江大学出版社
　　　　　（杭州天目山路148号　　邮政编码：310007）
　　　　　（网址：http://www.zjupress.com）
排　　版　浙江大千时代文化传媒有限公司
印　　刷　杭州捷派印务有限公司
开　　本　710mm×1000mm　1/16
印　　张　14
字　　数　210千
版 印 次　2023年11月第1版　2023年11月第1次印刷
书　　号　ISBN 978-7-308-23701-7
定　　价　88.00元

总　序

　　在社会主义文化强国建设的进程中，博物馆扮演着中华文明优秀成果守护者、传承者与传播者的重要角色。作为博物馆教育与传播的核心媒介，陈列展览成为博物馆守护文化遗产、传承中华文明、讲好中国故事的关键工作。好的陈列展览离不开好的策展工作。策展是构建陈列展览的过程，是通过逻辑和观念的表达，阐释文物藏品的多元价值，构建公众与遗产之间的对话空间，激发广泛社会价值与文化价值的思维和组织活动。博物馆策展的理论与实践水平，很大程度决定了陈列展览的思想境界、文化内涵、艺术品位与传播影响。因此，博物馆策展的学术研究和业务能力建设是提高博物馆陈列展览工作业务水平和影响效果的重要途径；某种意义上，也是促进我国博物馆事业高质量发展的关键所在。

　　"中国博物馆陈列展览精品·策展笔记"丛书的出版，正是源于对上述问题的思考。作为我国博物馆行业发展的协调者与促进者，中国博物馆协会长期致力于博物馆展陈质量建设和策展能力提升。在持续不断的摸索和实践中，许多博物馆同仁建议我们依托"全国博物馆十大陈列展览精品推介活动"，围绕一批业内公认的具有较大影响力与鲜明特色的获奖展览项目，邀请策展团队，形成有关策展过程和方法的出版物。在不断的讨论中，我们逐渐明确：这种基于展览策划的出版物，显然不同于博物馆中常见的对于展览内容及重点文物介绍的"展览图录"，而更适合被称为"策展笔记"。

　　所谓"策展笔记"，一方面，要聚焦"策展"的行动内容，也就是要透过展览看幕后，核心内容是展览从无到有的建设过程，尤其要重点讲述展览选题、前期研究、团队组建、框架构思、展品组织、形式设定、艺术表达、布展制作等当代博物馆展览策划的核心流程及相关体会。另一方面，要突出"笔记"的内涵风格。如果与记录考古工作的过程、方法与认识的"考古报告"相类比的话，"策展笔记"则是对陈列展览的策展过程、方法与认识的重点记录。与此同时，作为与"随笔""札记"等相似的"笔记"文体，也应带有比较强烈的主观性、灵活性和较高的自由度，宜以第一人称的口吻展开，重在呈现策展的心路历程与思考感悟，而不苛求内容体系的完整性与系统性；重在提炼策展的经验、理念、亮点，讲好值得分享的策展专业理论、专业精神、专业态度和专业手法等。我们相信，这样的"策展笔记"，不但可以作为文博行业了解我国文博系统优秀展览的"资料工具书"，也可以作为展陈从业者策展创新借鉴的"实践参考书"，还可以作为普通大众的"观展指南书"，帮助他们了解博物馆幕后工作，更好领略博物馆展陈之美。

丛书第一辑收集了2019—2021年度全国博物馆十大陈列展览精品推介的代表性获奖项目，覆盖全国不同地域，涵盖考古、历史、革命纪念等不同类型。由于缺乏经验借鉴，加之展览类型的多元性、编写人员构成的差异性等，在撰稿与统稿过程中，我们遇到了远超预期的挑战。这些挑战包括但不限于：如何平衡丛书的整体风格与单册图书的个体特色；如何兼顾写作内容的专业性特质与写作表达的大众性要求；如何将策展实践中的"现象描述"转化为策展理念的"机制提炼"，充分体现策展的创新点和价值点；如何实现从"报告思维"向"叙事思维"的转型，生动讲述策展的动人细节；如何在分析个案内容的同时对行业的普遍性、典型问题进行有效回应，发挥好优秀展览的示范作用；如何解决多人撰写所产生的文风不统一问题，提高统稿工作的质量和效率；等等。幸运的是，在各馆撰稿团队的积极配合下，在专家的有力指导下，我们通过设定指导性原则、确定写作指南、优化统稿与编审机制等途径，一定程度克服了上述挑战难题，基本完成了预期目标。

　　这套丛书的问世，离不开撰稿人、专家和编辑的辛勤劳动。我们衷心感谢北京鲁迅博物馆（北京新文化运动纪念馆）、中国人民革命军事博物馆、山西博物院、吴中博物馆、扬州中国大运河博物馆、杭州市萧山跨湖桥遗址博物馆、山东博物馆、湖北省博物馆、盘龙城遗址博物院、成都武侯祠博物馆、陕西历史博物馆、秦始皇帝陵博物院、和田地区博物馆等博物馆策展团队撰稿人的精彩文本。同时，我们衷心感谢南京博物院理事长、名誉院长龚良，复旦大学文物与博物馆学系主任陆建松，浙江大学艺术与考古学院教授严建强，北京大学考古文博学院教授宋向光，上海大学现代城市展陈设计研究院执行院长李黎，西安国家版本馆（中国国家版本馆西安分馆）副馆长董理，清华大学美术学院副教授李德庚等多位学者、专家的认真审读与宝贵的修改建议。感谢浙江大学出版社董事长、党委书记、总编辑褚超孚，以及社科出版中心编辑团队的细致审校和精心编辑，他们的工作为丛书的顺利出版提供了坚实的保障。浙江大学艺术与考古学院"百人计划"研究员毛若寒博士在这套丛书的方案策划、组织联络、出版推进等方面，用力尤勤，付出良多。此外，还有许多在本丛书筹划、编辑、出版过程中给予帮助的专家、老师，无法一一列举，在此谨对以上所有人员致以最真挚的感谢和敬意。

　　严建强教授在一次咨询会上曾对这套丛书给过一个很高的评价，认为它是当代博物馆专业化建设的一个重要的里程碑。对于这个赞誉，我们其实是有点愧不敢当的。我们很清楚，丛书第一辑的整体质量还有待提升，离"里程碑"的高度存在一定差距。但通过第一辑的编辑出版，我们为接下来的第二辑、第三辑的编写积累了经验、增强了信心。今后，我们会继续紧扣"策展笔记"作为"资料工具书""实践参考书"与"观展指南书"的核心功能定位，继续深化对于博物馆展览策展笔记的属性、目标、功能、内涵、形式等方面的认知，努力通过策展笔记的编写，带动全行业策展工作专业水平的整体提升。这虽然是一件具体的事情，但对构建博物馆传承与展示中华文化的策展理论体系和实践创新体系，推动博物馆守护好、展示好、传承好中华文明优秀成果，为博物馆事业的高质量发展、为建设社会主义文化强国不断做出新贡献，是很有积极意义的。我们相信，有全国博物馆工作者的积极参与，我们一定能把这套丛书做得更好，做成中国博物馆领域的著名品牌。

　　是为序。

刘曙光

中国博物馆协会理事长

金戟玉振

Sound from
Bronze Bells and
Stone Chimes

敬天崇祖

Worshipping Ancestors and Divinity

引 言

千年钟磬，荡漾今声

敬天崇祖是中国传统文化的根基，曾侯乙作……、祭祀、宴飨等仪式是他最神圣、最重要……用来规范仪式的制度，仪式中使用的器物称……曾侯乙身份与权力的来源，因此……又带来了技术的突破，

2021 年 12 月 20 日，伴随湖北省博物馆新馆（图 1-1）的开馆，全新的"曾侯乙展"正式亮相。"曾侯乙展"是新展，也是旧展，它的策展故事要从 40 多年前讲起。

1978 年，考古工作者在湖北随州擂鼓墩发现了举世闻名的曾侯乙墓，墓中出土的 1.5 万余件青铜器、漆木器、金玉器震惊世界。以编钟、尊盘、九鼎八簋、《二十八宿图》衣箱、十六节龙凤纹玉佩为代表的精美文物，不仅较全面地印证了中国先秦时期的礼乐制度，其体现的科技、艺术成就，也是人类轴心时代文明的杰出代表。因此，曾侯乙墓被公认为 20 世纪世界最重要的考古发现之一。

曾侯乙墓文物出土后，基本全部被湖北省博物馆收藏。出土后不久，湖北省博物馆即按照文物分类挑选适宜展出的青铜器、车马器、兵器、金玉器等，并于 1979 年 10 月至 1980 年 3 月在北京举办了"湖北随县曾侯乙墓出土文物展览"。此后，曾侯乙墓文物展览一直是湖北省博物馆最重要的基本陈列，历经多次改陈，在展览内容、形式设计、展示手段上不断更新，既体现了博物馆陈列展览理念和方法的发展，也反映了学界对曾国、曾侯乙认识的深入。

从 1979 年到 2007 年，"曾侯乙墓基本陈列"在湖北省博物馆经历了四次大规模改陈，2007 年移至综合馆展出后，展览面积达到 2000 平方米，以"营建曾侯的墓葬氛围、凸显南方的艺术特点、展现古代的科学技术和突出先秦的音乐成就"为主要理念。内容上根据文物种类划分单元，比较完整地展示了曾侯乙墓的文物全貌。在 2007 年至今的十余年时间中，"曾侯乙墓基本陈列"接

图1-1　湖北省博物馆新馆鸟瞰

待了超过千万人次的海内外观众。2018 年，习近平主席与印度总理进行非正式会晤期间，参观了"曾侯乙墓基本陈列"。

2007 年版的"曾侯乙墓基本陈列"受制于经费等因素，存在一些不足：由于展厅空间有限，文物陈列过密，布局不够疏朗；内容上强调墓葬氛围，以文物材质划分单元，侧重考古学分类的方法，器物本身的功能意义不够突出，不便于观众将器物还原到古人的生活中去，让观众有距离感。

2011 年底，为解决博物馆展览面积不足、功能设施无法满足现代博物馆需求等问题，湖北省博物馆启动三期新馆扩建项目。扩建的新馆在原综合馆以南，建设内容包括文展大楼、文物保护中心、文物研究中心、游客接待中心、设备楼等。南主馆、北主馆以及东馆（原文化馆）、西馆（原编钟馆）呈两主两翼"品"字形分布，并与北广场、入口门楼共同形成"楚宫双阙对阳台"格局。项目总投资超 10 亿元，新建工程总面积达 6.8 万平方米，其中展览大楼建筑面积达 4.1 万平方米。

新馆全面建成后，湖北省博物馆总用地面积达 8.5 万平方米，总建筑面积达 11.4 万平方米，其中展览面积从 1.2 万平方米增加到 3.6 万平方米，居全国博物馆前列。

新馆以举办专题展览为主，"曾侯乙墓基本陈列"等也在新馆重新呈现。位于新馆一楼、二楼的"曾侯乙展"展厅，展览面积从原有的 2000 多平方米增加到近 3800 平方米，极大地扩展了展览空间。

新的"曾侯乙展"主题为曾侯乙的贵族生活，并明确了"展示曾侯的生活侧面、营造宫廷的整体氛围、体现古代科技成就、凸显文物艺术特色"的总体思想。因此，我们在展示考古成果的基础上，适当打破文物材质分类的约束，以物见人，从贵族生活的不同侧面切入，组织结构框架，划分文物单元，力图使观众通过精美的文物窥见曾侯乙生活的细节，并从中感受到曾侯乙时代的贵族精神面貌和社会意识。展厅则遵循按主题组织展品、吸收学术成果、突出重点文物、统一展场基调的原则进行设计。当然，一个完整的展览并不是一蹴而就的，在策展正式开始之前，有许许多多的问题摆在我们面前，等待着我们一一解决。

一、追根溯源：什么是曾侯乙

2011 年，湖北省博物馆三期新馆改扩建工程正式奠基，新馆的展陈策划工作也随之启动。曾侯乙，作为湖北省博物馆乃至湖北当之无愧的文化名片之一，自然在新馆展陈中有着一席之地。当时距离开馆还有一段时间，这让我们有了足够的时间去思考要为观众呈现一个怎样的曾侯乙主题展览。

事实上，对湖北省博物馆的一众同仁而言，策划曾侯乙主题展览并非一件陌生的工作。从 1978 年湖北省博物馆等多家单位联合发掘曾国遗址开始，湖北省博物馆对曾侯乙墓的研究和探索就从未停止。1979 年、1985 年、1999 年、2007 年，湖北省博物馆都对曾侯乙主题展览进行了陈列提升，过程中不断融入新的研究视角，探索新技术、新材料、新方法的运用，寻求更为恰当的展览语境，将曾侯乙的世界解读给观众。

如今，我国的文博事业已经发生了翻天覆地的变化。就全国而言，以贵族墓葬为主题的展览不胜枚举，以青铜器为核心的陈列同样车载斗量，同时，博物馆的展陈理念和手段也发生了巨大的变化，博物馆工作开始由"以物为本"向"以人为本"转变。观众也不再满足于单纯到博物馆欣赏器物，他们希望了解文化遗产背后更多的历史文化信息。

在这样的背景下，我们亟须从一个全新的视角来审视曾侯乙这个早已为世人所熟悉的文化符号。如何策展才是提升？怎样才能让藏品、展示空间、博物馆活动和观众观展经验产生联系？如何丰富观众观展经验，使其对展览所呈现出的主题内容产生心理认同，从而满足观众各层面的心理需求，成为摆在我们面前最大的问题。

为解决上述问题，我们开始对曾侯乙墓，特别是曾侯乙编钟的资料和研究成果进行梳理。2015 年，我们出版了集大成的《曾侯乙编钟》，从铸造、声学、乐律学、书法等多个方面对曾侯乙编钟进行了总结式的梳理。2011 年，随州叶家山墓地等重大考古发现基本解开了"曾国之谜"，使得我们能够以更加宏观的角度看待曾侯乙墓，思考曾国主题展览在新馆中的角色。在初步确定了以"曾侯乙展"作为展示中国先秦礼乐制度的代表后，我们根据曾侯乙贵族仪式生活的不同侧面划分单元，侧重阐释文物在仪式活动中的功能和组合，突出中国先民在青铜铸造、音乐、天文历法方面的成就。由于展览面积较大，原 2000 平方米的展厅扩展到了近 3800 平方米。因此，我们将原来较少陈列的部分——随葬玉器、漆木器——全部列入展陈目录，特别是历经多年脱水保护的曾侯乙编钟原件漆木钟梁已经达到展出条件，可以首次对外展出，以充实展览。

与 2007 年版"曾侯乙墓基本陈列"相比，2021 年版"曾侯乙展"在理念上进行了一定的更新。在 2007 年版"曾侯乙墓基本陈列"中，大纲划分为前言与八个单元，在 1979 年、1985 年版本的基础上，增加了"曾国之谜"单元，将最新的考古发现融入展览。但展览理念仍然延续墓葬展的整体思路，并未出现颠覆性的改变。而 2021 年版"曾侯乙展"则是从"以物见人"的角度出发，打破观众对曾侯乙主题展览固有的认知观念，用对"物"的梳理整合来折射"物"背后"人"的艺术审美和自我意识。

为了将主题从曾侯乙墓转换到曾侯乙上，我们有如下基本改动：第一，淡化墓葬背景，只在序厅部分简要介绍墓葬发掘情况。主棺、陪葬棺等与丧葬关系密切的文物，全部转移到最后一部分"葬制"中介绍。这既符合观众心理，又符合由生到永生的展览内容逻辑线索。第二，展览以贵族生活的不同角度划分单元，线索明确，逻辑清楚，用文物说明墓主钟鸣鼎食的贵族生活。第三，吸收近年来得到公认的学术观点，如近年来学术界普遍认为曾侯乙墓中室、东室出土的乐器分别用于演奏燕乐和寝宫音乐（周代房中乐），我们也将两者划分为两组展示，以强调曾侯乙乐器的不同功能。

在改变的同时，我们也保留了原有展览的优点，并通过新的展示手段呈现。我们通过高科技手段更加清楚、直观地介绍先秦时期古代中国在冶铸技术、天文学方面的成就，同时突出展现文物工作者的研究成果，使观众加深对文物内涵的理解。曾侯乙墓的艺术成就，在青铜器、漆木器、金玉器等文物中都有所体现，我们针对不同文物的艺术特点在不同的单元进行介绍。

二、一曲新词："曾侯乙展"所面临的挑战

　　作为标志性展览，"曾侯乙展"在策划过程中有优势也有劣势。其优势在于与观众有良好的历史情感，容易被观众所接受；劣势在于观众对它过于熟悉，已形成固有印象，想要给观众带来耳目一新的观展体验，其难度可想而知。与此同时，来自展览效果、文物安全、文物保护等方方面面的难题也有待一一破解。

　　第一难，在于阐释之难。曾侯乙墓的出土文物虽极为丰富，但就观众而言，无法将日常生活所处时代的信息与其产生关联，很难激起观展动力。虽然曾侯乙的名字耳熟能详，但大部分观众对其所蕴含的历史意义、考古价值等相关内涵信息却不一定有深入了解，由此形成了既熟悉又陌生的观展错觉。

　　就如曾侯乙墓出土乐器中最具有代表性的青铜礼器——曾侯乙编钟，不少观众都知道，甚至专门为了编钟来观展。但观众们或许不了解的是，曾侯乙编钟的发现在音乐史上举足轻重的意义。它所反映的乐器制造技术和音乐性能，在中国甚至世界乐器史上都首屈一指。它不仅涉及先秦时期中国对音乐、冶金制造、物理声学等诸多方面的认识，并且反映出公元前 5 世纪人类极为丰富的文化内涵。通过展览的语境解读，将其蕴含的丰富历史信息准确高效地阐释、传递给观众，优化观众体验，充实观展经验，显得尤为困难。

　　第二难，在于创新难。展览是博物馆将研究成果转化成视觉效能最好的方式，也是博物馆与观众建立情感纽带的途径。展品是展览中最为重要的组成元素，如同舞台上的演员是整个剧目的核心，无论是展览内容还是展陈形式，都是围绕展品叙述而形成的。曾侯乙墓出土的文物，无论是在艺术造诣还是在科学技术水平上，都显示出震惊世界的辉煌成就。展品的好毋庸置疑，但如何对固化在观众脑海中的文物视觉形象进行翻新甚至是创新，如何重新吸引观众，都是难题。

第三难，在于文保难。"曾侯乙展"相对于其他展览而言，最大的特点就是其展出的大量出土文物体积大、重量重，如主棺、内棺、铜鉴缶、铜尊缶、曾侯乙编钟等，体形硕大，重量小则数百公斤，大则数吨。在展览中完美展现文物的特点与艺术性，对于博物馆整体建筑与布展都是不小的挑战，大体量、大规格的文物展出遇到的制约与困难不可小觑。

曾侯乙墓的发掘是 20 世纪 70 年代中国考古的重大成果，其文物所包含的文化与科学技术内涵，不仅对历史学、考古学、物理声学、乐律学、冶金铸造等学科研究有重要价值，对艺术史和工艺美术的研究，也具有深远影响。因此，即便面临诸多难题，我们也应重新审视曾侯乙的艺术本质，全面掌握其历史意义和考古价值，寻求恰如其分的展览语境和手段，将其最本质的历史内涵进行还原，并呈现到观众面前。

三、不同而和：如何处理与博物馆中其他展览的关系

湖北是荆楚文化的核心区域，而荆楚文化考古又以曾国考古和楚国考古为主。这就决定了湖北省博物馆的展陈，必须以曾国和楚国的历史文化为主要特色。然而，曾国和楚国年代相同，地缘相近，文化相似，交流频繁，如果仅从历史和考古角度叙事，很容易造成重复，也很难打造个性鲜明的展览。

为了解决这一问题，系统展现荆楚优秀文化，为观众呈现更加优质、丰富的展陈内容，我们必须要从展览的数量、主题、内容方面整体考虑。

　　2014 年起，湖北省博物馆先后四次召开专题研讨会，深入研究陈列布展大纲，明确了"彰显荆楚文化魅力、展示湖北文明发展历程、突出馆藏文物特点、体现最新学术研究成果"的展览理念，确立了"曾侯乙""梁庄王珍藏""楚国八百年""曾世家——考古揭秘的曾国""天籁——湖北出土乐器""极目楚天——湖北通史展"等六大基本陈列。

　　为了让每个展览都凸显特色，我们在策展思路上让"曾侯乙展"从原本的重点展示曾侯乙墓转向重点展示曾侯乙，展示先秦礼乐文化；同时，我们将 2007 年版中增加的"曾国之谜"独立出来，结合近年来叶家山、郭家庙等曾国墓地的发掘与探索成果，形成全新的专题性展览"曾世家"，重点讲述考古故事。"楚国八百年"着重展示楚人精神。另外还有"越王勾践剑特展"，以单独陈列方式，凸显其王者之剑、镇馆之宝的特殊身份。以上定位，兼顾了历史、考古、文化三个方面内容，既有荆楚文化的微观切面，也宏观呈现出荆楚文化的高度，是湖北省博物馆新馆在展览上的一次创新。

　　展览内容方案基本确定后，我们于 2016 年 2 月、4 月、10 月，先后组织召开了三次大型专家论证会，邀请李伯谦、冯天瑜、熊召政、董琦、杨志刚、龚良等知名专家对方案进行了审议。展览方案几经修改，几易其稿，最后得到了与会专家的充分肯定。专家一致认为，展览主题和布局合理，承担了作为国家级博物馆应尽的责任；全面展示了湖北省博物馆的丰富馆藏，呈现了考古发掘研究成果；充分彰显了荆楚文化魅力，凸显了湖北历史文化的特点，做到了区域通史展览和专题展览的统一。

金聲玉振

Sound from
Bronze Bells and
Stone Chimes

　　曾侯乙生活在公元前 5 世纪，是周代诸侯国曾国的国君。他的墓葬于 1978 年在湖北随县（今随州市城区）被发现，发掘出土的 1.5 万余件工艺精湛的文物呈现了高度发达的礼乐文明，体现了古人敬畏天地、神明和祖先的丰富精神世界，揭示了中国古代青铜铸造、天文历法、音乐艺术等方面的极高成就。

　　曾侯乙所处的时代群雄并立，百家争鸣，世界主要古文明的发展都达到了巅峰，被称为人类文明发展的轴心时代。曾侯乙墓出土的文物就是当时人类智慧的实证。

　　全新亮相的"曾侯乙展"（图 2-1）十分"豪华"，众多珍宝拥有了用恒温、恒湿等高科技手段保护的"新家"。展览共分为"敬天崇祖""金声玉振""所尚若陈""民祀唯房""车马仪仗""永持用享"六大部分，以反映古代音乐理论、乐悬制度的编钟为主，以反映天文历法、祭祀传统的天文图衣箱、兽面纹玉琮等文物为辅，展现了曾侯乙所处时代高度发达的礼乐文明。面积近 3800 平方米的展厅多角度展示了曾侯乙墓出土的文物，凸显了珍宝艺术特色。

图2-1 "曾侯乙展"序厅

一、敬天崇祖

展览第一部分介绍了曾国的祭祀生活。国之大事，在祀与戎。敬天崇祖是中国传统文化的根基。曾侯乙作为一国之君，祭祀、宴飨等仪式是他最神圣、最重要的活动，他以此祈求上天护佑、农业丰收、国祚绵长。将对祭祀活动的介绍放在展览的前部，既符合祭祀活动的历史地位，也能使观众更直观地了解曾国贵族的礼乐生活。

（一）牺牲与粢盛

进入展厅，气势恢宏的九鼎八簋（图2-2）映入眼帘。我们将九鼎八簋设置为展览第一组展示的藏品，希望通过展示祭祀、宴飨等仪式中的礼器，以其数量、形制

图2-2　九鼎八簋

和组合反映曾侯乙作为一国之君的地位。礼是用来规范仪式的制度，仪式中使用的器物称为礼器。祭祀、宴飨等属于一国之君最神圣、最重要的活动，他所拥有的礼器是其地位与权力的象征。上天和祖先是曾侯乙身份与权力的来源，他所拥有的礼器运用了当时最先进的制造技术，同时他对审美的追求又带来了技术的突破。

　　祭祀时需要奉献祭品。用于祭祀的动物叫作牺牲，饭食称作粢盛。一般认为，鼎用于烹煮或盛放牛、羊等牲肉，簋、簠用来盛放黍、稻等粮食，豆用来盛放酱菜。九鼎八簋是曾侯乙身份的象征。升鼎在祭祀中用于盛放牲肉，奇数组合的升鼎和偶数组合、用以盛放粮食的铜簋，组成了一套象征使用者身份与地位的礼器。

　　在周代礼乐制度中，鼎制（用鼎数量）和乐悬制度（钟磬布局）是身份等级的标志。曾侯乙墓发掘前未经扰动，各种礼乐器以九鼎八簋为中心放置，钟磬共列一室。9件鼎内壁、8件簋器盖内及内壁均有7字铭文"曾侯乙作持用终"。

　　贵族用鼎根据等级从高至低按照奇数递减，并与偶数的簋配合。文献记载，天子用九鼎八簋，诸侯用七鼎六簋，卿大夫用五鼎四簋，士用三鼎二簋。而考古发现有不少诸侯国国君使用九鼎八簋的情况，与文献记载不尽相同。

　　曾侯乙墓中的九鼎出土时，口沿有用竹篾制成的鼎盖，其中7件内存有牛、羊、猪、鱼、鸡等动物骨骼，在文献中被称为鼎实，这与《周礼》所载的情况基本相符。

　　值得特别注意的是，在九鼎的右侧，还陈列有一件铜匕（图2-3），格外醒目。匕是挹取肉食与饭食之器。该铜匕出自一铜升鼎内。柄部正面有"曾侯乙作持用终"7字铭文。铭文和镂空纹饰均用绿松石镶嵌，部分绿松石已经脱落（图2-4）。

图2-3　铜匕（上）
图2-4　铜匕柄上的兽面纹、绿松石（下）

　　镬鼎是古代贵族在祭祀、宴飨等重大礼仪活动中用来煮牲肉的鼎。它是曾侯乙的祭祀活动中对九鼎八簋的重要补充，也是我们在"牺牲与粢盛"部分的展示重点之一。镬是大锅的意思。我们展出的这件鼎在出土时口沿上有竹篾编制而成的鼎盖，鼎内遗存有半边牛体，包括右前肩、右前肢、右后臀、右后肢、整个背部和部分左右肋部，鼎钩挂于鼎耳，配套的长柄匕置于两件大鼎口缘上，鼎腹底有烟炱痕迹。鼎腹内壁与鼎钩均有"曾侯乙作持用终"7字铭文。

　　与镬鼎相对展示的牛形钮铜盖鼎（图2-5）也是一种食器。盖上有3个造型生动逼真的牛形钮饰。鼎外壁原用绿松石镶嵌有精美纹饰，出土时绿松石已佚。腹底面有烟炱痕迹。出土时，每件鼎盖上均放置2件鼎钩。器盖内、腹内壁、鼎钩均有"曾侯乙作持用终"7字铭文。

图2-5　牛形钮铜盖鼎

簠同样是一种食器。器身镶嵌有繁缛花纹，残存褐、白色填充物。盖内与簠身内均有"曾侯乙作持用终"7字铭文。簠在祭祀和宴飨时用于盛放饭食。盖和身形状相同，大小一致，上下对称，合起来成为一体，分开则为2个器皿。簠也与鼎相配使用，曾侯乙墓中所出4件铜簠（图2-6）与5件牛形钮铜盖鼎位置靠近，属五鼎四簠的组合。

除了鼎与簠外，我们还展示了同样出土于曾侯乙墓，在祭祀活动中也十分常见的豆和箕。

豆在祭祀与宴飨中，专门用于盛放腌菜、肉酱等调味品。曾侯乙墓一共出土3件铜豆，其中1件为带盖铜豆（图2-7），镶嵌花纹，所镶绿松石大部分尚存，极为精美。另外2件浅盘铜豆（图2-8）盘内都有铭文。

我们选择展出的这组铜炭炉（图2-9）、铜箕和铜漏铲（图2-10）出土时与镬鼎摆放在一起，可能用于盛放烹煮食物所用的木炭。箕和漏铲出土时是置于炭炉内的。

图2-6　铜簠

图2-7　带盖铜豆（上）
图2-8　浅盘铜豆（下）

图2-9　铜炭炉、铜箕和铜漏铲（上）

图2-10　铜箕、铜漏铲（下）

炉用于烧炭，箕用于盛木炭或炭灰，漏铲底有 53 个菱形漏眼，用来筛炭。炉上有铸镶红铜纹饰，铜箕仿竹箕制作，器表及曲栏均模仿竹篾编织的形状。炉底、箕口沿、漏铲柄上均有"曾侯乙作持用终"7 字铭文。

（二）酒醴

除了牲肉和食粮，还有一样东西在曾侯乙的祭祀活动中具有举足轻重的作用，那便是酒。古人认为"酒以成礼"。因具有致幻作用，酒被视为人与神沟通的一种媒介，在祭祀中发挥了重要的作用，也是宴飨等仪式中必不可少的饮品。曾侯乙墓所出酒器主要以青铜鉴缶、尊盘、壶为代表，使用了当时最先进的铸造工艺，是中国青铜时代的巅峰之作（图2-11）。

"曾侯乙展"中展出的铜鉴缶（图2-12）是最著名的青铜酒器之一。同时出土 2 件，造型、纹饰、大小均相同。器形结构复杂，造型奇特，工艺精湛，是具有特殊用途的大型酒具，被誉为我国最早的"冰箱"，也是最早的"烤箱"。我们展出了其中 1 件，另外 1 件现收藏于中国国家博物馆。

铜鉴缶由方鉴（图2-13）、方缶（图2-14）两部分组成，缶置于鉴内，合为一整体。放置时，方鉴底部有 1 个活动倒栓，插入后自动落下，以固定方缶（图2-15）。鉴底由 4 个兽足承托。鉴、缶均有"曾侯乙作持用终"7 字铭文。使用时，方缶盛酒，鉴、缶之间的空隙盛冰。周代尚未出现蒸馏技术，酒在夏天容易腐败变酸，因此需要冰镇。这件器物可能就是文献中所说的"冰鉴"。铜过滤器则用于滤酒。周代祭祀用酒多为"五齐"，即五种未经澄滤的薄酒，里面有糟粕，饮用时需稀释后加以过滤。铜勺出土时置于鉴缶上，应为舀酒之用。

图2-11　铜鉴缶、联禁大壶出土时的情况（上）
图2-12　铜鉴缶、铜勺（下）

图2-13 铜鉴缶之方鉴（上）
图2-14 铜鉴缶之方缶（下）

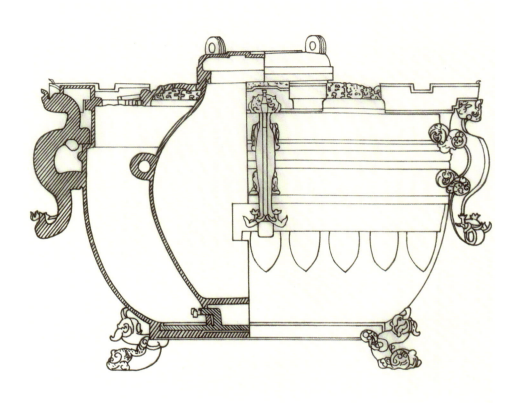

图2-15　铜鉴缶结构

除铜鉴缶外，我们还展出了曾侯乙墓出土的几件体量巨大的酒器，例如铜联禁大壶（图2-16）。壶是典型的酒器，商代开始出现，有圆、方等形状。文献中有周文王吸取商朝奢靡亡国的教训，将盛放酒器的器皿命名为禁，告诫子民禁止酗酒的说法。目前考古所见的铜禁除此以外，只有西周早期为数不多的几件。曾侯乙铜禁（图2-17）上承放着2件硕大的铜壶，此双壶圆形，鼓腹，壶外的田字形宽带饰，像瓠瓜绳缚之形。壶通高99厘米，两壶分别重99公斤和106公斤，由底部4只玲珑小兽承重，体现了力与美的结合。双壶颈内壁均有"曾侯乙作

图2-16　铜联禁大壶（上）
图2-17　铜禁（下）

持用终"7字铭文。盖口沿处的镂空盖罩为T形勾连纹，由失蜡法铸造而成。

提到体量巨大，曾侯乙墓北室还出土有2件大铜尊缶（图2-18），通高126厘米，最大腹径100厘米，重327.5公斤。这是目前所出土的古代最大的青铜酒器。大铜尊缶出土时位于北室南部，体型庞大，二者形制相同（图2-19）。盖侧环钮通过锁链与肩部蛇形环钮相连，腹中部有4个大环钮。器身饰重环纹、蟠龙纹、雷纹、涡纹，肩部有"曾侯乙作持用终"7字铭文。

除了体型巨大这一显著特点外，曾侯乙的酒器同时有着许多精巧细致之处，其蕴含的高超铸造技术和曾侯乙独特的审美情趣，也是展览展示的重点。为此，我们从曾侯乙墓出土的众多精美酒器中选择了2件提链铜壶和大名鼎鼎的曾侯乙尊盘进行展示。

图2-18 大铜尊缶（左下）
图2-19 大铜尊缶出土情况（右下）

　　曾侯乙的酒器很多装饰有复杂的提链，体现了极为高超的青铜器铸造技术。展出的这2件提链铜壶（图2-20为其一）就是其中的典型代表。这2件铜壶形制相同：直口，瘦长颈，鼓腹，矮圈足；圆盖尖顶，顶端有一衔环钮；龙形提梁套接于盖顶环钮和颈部兽形耳上的圆环内。

　　在提链铜壶之后，便是著名的曾侯乙尊盘（图2-21）了。

　　尊盘，由尊与盘2件器物组成。出土时尊置于盘中，两器有统一的风格。在商周青铜器中，尊是盛酒器，盘则一般作水器用，两者合为一器，可能是冰酒的器皿。《礼记·丧大记》中有"大夫设夷盘，造冰焉"，表明盘也可以盛冰，用以冰酒。不过，由于尊盘的造型纹饰精美，铸造工艺复杂，因此它也可能是墓主用来显示财富、供欣赏的工艺品。

图2-20　提链铜壶

图2-21　曾侯乙尊盘

此器原为曾侯乙的先君曾侯與所用，曾侯乙继而用之，并将盘内的铭文改刻为"曾侯乙作持用终"。

春秋战国之交是青铜技术发展的巅峰期，制作工艺复杂、精美的尊盘正是其典型代表。尊盘采用了多种铸造工艺，其中口沿上的镂空纹饰采用了当时最先进的熔模铸造法（失蜡法）。曾侯乙尊盘是中国古代青铜器中无可比拟的巅峰之作。它玲珑剔透、极尽奢华的艺术效果已超出其本身所代表的礼制的要求，更体现了使用者极致的审美追求。尊的口沿是多层套合的镂空附饰，远看像云朵，实际是由无数条龙蛇所组成的镂空花纹，它们相互盘旋环绕，宛如在空中游动。尊的颈部攀附 4 只反首吐舌、向上爬行的龙，龙身也以镂空的龙蛇装饰。尊的腹部和圈足满是蟠螭纹和浮雕的龙，整个尊体共装饰有 28 条龙、32 条蟠螭。盘的制作更为复杂，除口沿有和尊一样的镂空纹饰外，盘身的 4 个附饰也饰有由无数条龙蛇组成的镂空花纹。附饰下有 8 条镂空的夔龙。盘足为 4 条圆雕的双身龙，龙口咬住盘的口沿，造型生动、别致。整个盘体装饰有龙 56 条，螭 48 条。

如此精美的尊盘是怎样铸造出来的呢？科学鉴定表明，这套器物集浑铸、分铸、焊接和失蜡法等多种工艺于一体，器物主体为浑铸，附件为分铸，其中尊和盘口沿的镂空附饰由失蜡法铸造而成，再根据不同部位分别用铸接、焊接、铆接等多种接合方法，将附件与主体结合。

失蜡法是先用蜡做模，接着用耐火的细泥浆浇淋在蜡模上，待干后再淋，如此反复多次，使之硬化，然后焙烧。蜡模遇热便熔化流出，最后浇铸铜液形成铸体。考古发现中，已知最早的失蜡法铸件是河南淅川下寺春秋晚期楚墓中出土的铜禁上的部件。曾侯乙墓尊盘的失蜡法铸件，年代晚于淅川铜禁的年代，但其工艺更为高超。这证明在 2000 多年前，我国已经开始使用失蜡法铸造青铜器，而且造型艺术和铸造技术都达到了炉火纯青的境界。

图2-22 铜盘、铜匜.

（三）盥洗

　　除了奉献牺牲与粢盛、酒醴之外，还有一项活动在祭祀活动中有着举足轻重的地位，那便是盥洗。贵族在祭祀、宴飨前要先行沃盥之礼，通过清洁仪式表示虔敬。沃即以匜浇水于手，盥是洗手的意思，弃水用盘（图2-22）来承接。圆鉴（图2-23）、盥缶（图2-24）则用于储水。

　　展览中可以看到曾侯乙墓出土的4件盥缶，这4件盥缶大小、轻重略同，但器表纹饰有别。2件镶嵌绿松石（多已脱落），2件以铸镶法形成红铜纹样。所谓铸镶法，是将预先制作的红铜纹饰放置范内，然后浇铸青铜熔液，形成类似镶嵌的装饰效果。

图2-23　铜提链圆鉴（上）
图2-24　铸镶红铜纹饰盥缶（下）

二、金声玉振

　　曾侯乙拥有规模宏伟的乐器组合（表2-1），在祭祀、宴飨场合与其他礼器配合使用，彰显等级、权力和德行。曾侯乙墓的乐器组合分为两部分：中室乐器以钟、磬为主，组成燕乐乐队；东室以琴、瑟为主，组成周代房中乐乐队。这也为我们此部分的展示提供了灵感，音乐部分的展示自然分为"燕乐"和"房中乐"两部分，既能够反映曾侯乙墓中的乐器组合情况，也能够部分反映周代贵族欣赏的音乐类型，可谓一举两得。

　　本部分的名称"金声玉振"语出《孟子·万章下》："集大成也者，金声而玉振之也。金声也者，始条理也；玉振之也者，终条理也。始条理者，智之事也；终条理者，圣之事也。"金声玉振指钟、磬和谐悦耳的声音，也形容人德行高尚。孔子曰："兴于诗，立于礼，成于乐。"音乐是周代贵族必备的修养。《尚书·益稷》为我们描绘了一幅上古时期音乐家表演《箫韶》的场面，提到了鸣球、搏拊、琴、瑟、鼗（táo）、鼓、笙、镛、石（磬）、柷（zhù）、敔（yǔ）等乐器，其中柷、敔的声音是表演开始和结束的信号。

　　迄今所知最早的乐器组合发现于山西陶寺文化（公元前2500—前1900年），是陶寺遗址3002号墓出土的鼍鼓、石磬、土鼓3件乐器的组合。商代，人们开始把乐器编排起来，以增强音乐的感染力。殷墟妇好墓便出土有青铜编铙、石编磬和埙。

表 2-1　曾侯乙墓的乐器组合

乐队	乐器名称	件数	推测演奏人数
中室：燕乐乐队	编钟	65	5
	编磬	32	1
	建鼓	1	1
	篪	2	2
	箫	2	2
	笙	4	4
	瑟	7	7
	扁鼓	1	1
	有柄鼓	1	1
东室：周代房中乐乐队	瑟	5	5
	十弦琴	1	1
	五弦器	1	1
	笙	2	2
	悬鼓	1	1

图2-25　曾侯乙编钟

（一）燕乐

在周代贵族祭祀、典礼、宴飨的各种场合，都要演奏音乐，即燕乐。

钟、磬是燕乐乐器组合的核心，其数量和悬挂方式是贵族身份等级的标志，遵循乐悬制度的规定。曾侯乙墓中室出土编钟、编磬以及各种管弦、打击乐器共115件，呈现了一幅恢宏壮丽的燕乐场景。

在"曾侯乙展"中，最引人注目的便是国宝级文物曾侯乙编钟了（图2-25）。编钟是由大小渐次的青铜钟相编而成的打击乐器。早在约5000年以前，就已经有陶质的单体钟、铃；约在4000年前，青铜铃开始出现。而由3至5件青铜钟相编组成的编钟，大约出现于西周早期。迄今为止，在我国发现的先秦编钟已有100多套，其中曾侯乙编钟的规模最大，数量最多，铸造最精，音乐性能最好，保存最为完整。出土时编钟仍基本保持下葬时的状态，沿中室南壁和西壁安放。

　　曾侯乙编钟的钟架长 7.48 米，宽 3.35 米，高 2.73 米。6 个青铜佩剑武士和 8 个圆柱承托着 7 根彩绘木梁，构成曲尺形钟架。钟架分三层八组，悬挂着 65 件青铜钟，甬钟上层 19 件、中层 33 件、下层 12 件，另有镈钟 1 件。实际上，曾侯乙编钟包含了先秦青铜钟几种主要的类型，下层正中悬挂的一口镈钟是楚惠王送给曾侯乙的。最大的钟通高 153.4 厘米，重 253.6 公斤；最小的钟通高 20.4 厘米，重 2.4 公斤。编钟用浑铸、分铸法铸成，并采用了铜焊、铸镶、错金等工艺技术以及圆雕、浮雕、阴刻、髹漆彩绘等装饰技法。

　　钟架、钟钩、钟体上共有铭文 3755 字，内容为编号、记事、标音和乐律理论。铭文多数错金。铭文记述了楚惠王在位第 56 年时送予曾侯乙宗庙祭器的事件。多数钟上有"曾侯乙作持"5 字，表明钟的主人是曾侯乙。标音铭文标示了钟的悬挂位置、配件挂钩、敲击部位及其所发乐音的名称。

　　曾侯乙编钟最为神奇的是一钟双音，按照钟体上的标音铭文所示，分别敲击钟的正鼓部和侧鼓部，同一钟可以发出两个不同的乐音，而且，两个乐音之间相差三度。比如，中层三组第五号钟，正鼓部标音为羽，侧鼓部为宫，分别敲击可以发出 la 和 do 的音。一钟双音的奥秘在哪里呢？沈括在《梦溪笔谈》中谈到了先秦钟的一个显著特点："古乐钟皆为合瓦。"所谓"合瓦"是说钟的形状如两片瓦合在一起。钟属于体鸣乐器，其发声源于板振动，合瓦形的钟体结构破坏了板体的统一性。正、侧鼓部不同的厚度使分别敲击时产生不同的音高。

　　要使一钟发出两个不同的乐音，并且保持相差三度的关系，除了合瓦形的钟体以外，还需要进一步的技术处理和调音。现代声学原理表明，板振动发声的特点是板的厚薄和大小影响音的高低。曾侯乙编钟钟体内壁上有凹陷痕迹并且大多经过了研磨和刮削，这些便是当年工匠们留下的调音的痕迹。

　　除了用物理的方法调整钟声外，编钟的化学成分对钟的音色也有作用。实际检测用于制作曾侯乙编钟的青铜合金为锡与铜，并含少量的铅。《考工记》

中说：“六分其金而锡居一，谓之钟鼎之齐。”意思是说用于铸造钟和鼎的青铜合金，要六份铜加一份锡。采用现代科技手段对编钟的合金比例进行分析，发现含锡量为13%—16%，则音色浑厚丰满，含锡量低于13%，则音色单调尖锐。而曾侯乙编钟含锡量在13%左右，恰到好处。编钟的含铅量也很有讲究，曾侯乙编钟含铅量为1.2%—3.0%，既保证了钟声衰减较快以适应演奏的需要，又保持了音色的和谐。

曾侯乙编钟代表了中国先秦礼乐文明与青铜器铸造技术的最高成就，在考古学、历史学、音乐学、科技史学等多个领域产生了巨大的影响，并于2002年1月被国家文物局列入《首批禁止出国（境）展览文物目录》。

编钟的甬钟正面、钲部有“曾侯乙作持用终”错金铭文，表明钟的制作和享用者是曾侯乙。镈钟上的31字铭文记载了楚惠王于在位第56年（前433年）特制镈钟用作祭祀。这为编钟铸造和下葬年代提供了可考的依据。

曾侯乙编钟是“曾侯乙展”当之无愧的明星展品，也是绝大多数走进湖北省博物馆的观众必然会参观的展品之一，因此为了让观众更好地了解曾侯乙编钟，特别是理解曾侯乙编钟在周代礼乐制度下的地位和文化特色，我们在曾侯乙编钟附近增设了许多辅助展项，补充介绍了悬制、一钟双音、十二律等许多相关历史背景知识，以便全方面、多角度地诠释曾侯乙编钟。

悬制

周代礼制赋予钟、磬以深刻的政治内涵，针对贵族享用钟、磬的悬挂规模和陈设方位所做的规定叫悬制。悬制和鼎制构成了周代礼乐制度的核心内容。《周礼·春官·小胥》里明确说：“正乐悬之位，王宫悬，诸侯轩悬，卿大夫判悬，士特悬，辩其声。”宫悬指四面悬挂，轩悬指三面悬挂，判悬指二面悬挂，特悬指单面悬挂。曾侯乙墓中编钟、编磬分三面悬挂，符合“诸侯轩悬”的规定。

一钟双音

一钟双音是中国先秦钟的声学特征，指敲击钟的鼓部正面和侧面可以各发出一个不同的音。具备这种声学特征的钟，外形通常为合瓦形。最早揭示这一现象的当代学者是黄翔鹏。曾侯乙编钟出土以后，其鼓部正面和侧面标示的不同音高的铭文证实了他的发现。一钟双音是中国乐器的伟大发明。曾侯乙编钟每件均经过精细打磨，钟上两音呈三度差的和谐关系。这是古人历经2000多年不断探寻钟铃乐器发音规律和磨炼铸钟技术的结果。在这一漫长发展过程中，他们建立了"和实生物，同则不继"的和谐观。

十二律

律制是划分八度的方法，它是对具体音高的严格规定。音高由频率决定，所谓八度就是频率比值为2的音程。比如，钢琴上相邻的两个do之间的距离就是一个八度，相邻的两个mi之间的距离也是一个八度。十二律就是将一个八度划分为12个律位的方法。形象地讲，十二律反映在钢琴上就是，一个键代表一个律位，八度中的7个白键和5个黑键，代表12个律位。这些律位上的具体音高由律制决定，平均划分（一个八度内相邻的两个音高的频率比值是相同的）的十二律称为十二等程律（即十二平均律）。曾侯乙编钟上的铭文完整记载了十二律的律名，其具体音高构成的乐音体系反映了当时的十二律是不等程的。见下表。

律　位	I	II	III	IV	V	VI	VII	VIII	IX	X	XI	XII
钢琴音名	C	#C	D	bE	E	F	#F	G	bA	A	bB	B
曾钟音名	宫	羽角	商	徵曾	角	羽曾	商角	徵	宫曾	羽	商曾	徵角
曾国律名	姑洗		妥宾		韦音		无铎		黄钟		大族	浊姑洗

　　律制是音乐的根本属性，它决定音乐的地域特色和民族性格。不同的民族和地区划分八度的方法并不相同，如泰国和缅甸把一个八度划分成 7 个律位，泰国是平均划分，而缅甸是不平均划分。伊朗有二十二律、二十四律两种划分。阿拉伯则有十二律、十七律和二十四律等多种律制并存。曾国采取的是十二律，它采用两种自然律制（五度相生律和纯律）来建构十二律。

　　观众往往被曾侯乙编钟的恢宏气势所震撼，但编钟作为祭祀时燕乐乐器组合的核心，除了是主人身份、地位的象征之外，也承担着切实的演奏任务。为了让文物"活"起来，让观众欣赏到数千年前曾侯乙编钟的演奏场景，我们也费了一番心思。首先，我们设置了多媒体展项，用视频播放曾侯乙编钟演奏音乐的模拟场景；其次，我们还展出了演奏编钟的工具。

　　与这套编钟一同出土的演奏工具共有 8 件。击奏下层大钟的木棒（图2-26）长约 215 厘米，共 2 件，均木制，髹漆，彩绘，饰绹纹、三角雷纹、雷纹。出土时一端着地，一端斜靠在钟架中层梁上。《文献通考·乐考》曰："撞木：古者撞钟击磬，必以濡木，以上两坚不能相和故也。"用于击奏中、上层编钟的是木槌（图2-27），长约 60 厘米，共出土 6 件，均木制，髹漆，彩绘。下层大钟由 2 人各持 1 件木棒击奏，中层甬钟由 3 人各持 2 件木锤演奏，由此可知，整套曾侯乙编钟是由 5 个人演奏的。

图2-26　彩漆撞木

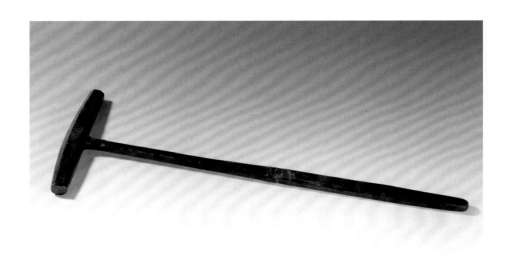

图2-27　彩漆敲钟木槌

　　整套编钟低音浑厚，中音圆润，高音清脆，跨五个半八度，中心音域内十二个半音齐备，可以旋宫转调。

　　与曾侯乙编钟共同构成金石之声的还有编磬。编磬和编钟常常组合出现。我们展出的这件曾侯乙编磬（图2-28）的磬架（图2-29）由青铜制的龙首鹤身怪兽等构成。横梁与立柱错金装饰；兽舌上有"曾侯乙作持用终"7字铭文。漆木磬匣（图2-30）用于储藏磬块。可装磬块41件。磬槽前刻有编号；匣盖上刻有按照音列放置磬块的说明。出土时，磬块多数已断裂侵蚀。复原研究显示，磬块由石灰石或大理石磨制，共32块，分上下两层四组悬挂于横梁之上，音色清脆明亮。多数磬块刻有编号和乐律的铭文。

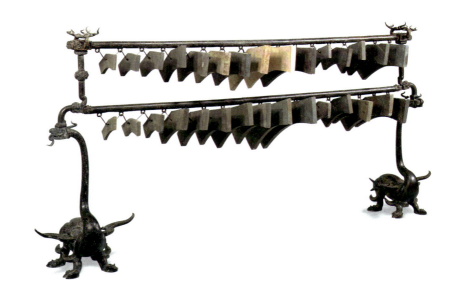

图2-28　曾侯乙编磬（上）

图2-29　磬架（下）

图2-30　漆木磬匣

图2-31　彩漆击磬木槌

2件彩绘木槌用于演奏编磬（图2-31）。

除了钟磬这对"大家伙"外，曾侯乙墓还出土了其他一系列各具特色的燕乐乐器。这些乐器既是钟磬的重要补充，也是祭祀音乐中不可或缺的参与者。在展览中，我们选取了鼓、竹篪、排箫、瑟等四种最具代表性的乐器在燕乐部分展示。

鼓是世界上历史最为悠久、使用最为普遍、形态最为丰富的一种乐器。考古发现中最早的鼓，为远古时期的土鼓和鼍鼓。《考工记》中还记录了鼓的形、声关系："鼓大而短，则其声疾而短闻；鼓小而长，则其声舒而远闻。"

曾侯乙墓共出土4件鼓：中室3件，为建鼓、扁鼓、有柄鼓；东室1件，为悬鼓。鼓均为木腔双面皮鼓，但形制有别。出土时腔体尚在，鼓皮已腐烂无存。《诗经·周颂·有瞽》有"应田县鼓，鞉磬柷圉"诗句，应鼓、田鼓、县鼓、鞉鼓可能分别对应着曾侯乙墓出土的扁鼓、建鼓、悬鼓和有柄鼓。

建鼓因鼓之贯柱而得名。建鼓过去仅见于战国和汉代的青铜纹饰和石刻画像（图2-32），"曾侯乙展"展出的是考古发现最早的实物。出土时鼓皮已朽，仅存鼓腔、贯柱及鼓座。贯柱通高365厘米，鼓身长106厘米，面径74厘米。曾侯乙建鼓青铜鼓座（图2-33）通高54厘米，底径80厘米，重192.1公斤，采用了分铸、铸接和焊接相结合的方法，由八对大龙和数十条纠结穿绕的小龙构成，龙身镶嵌绿松石，是迄今所见最精美的先秦建鼓座。

曾侯乙墓中室共出土2件竹篪（图2-34、图2-35），长约30.2厘米，它们是目前所见最早的篪。篪由竹管制成，与笛不同的是：它两端封闭，管身的吹孔、出音孔与五个指孔呈90°，演奏时，掌心向里。篪渊源甚古，后失传。曾侯乙篪为目前所仅见。

排箫又称参差或箫。曾侯乙墓出土排箫2件，均由13根长短不同的竹管经3个竹夹缠缚而成。孔子所欣赏的韶乐，因主要由排箫演奏而被称为箫韶。

曾侯乙墓的2件排箫出土之前，古排箫的形制曾长期模糊不清。如清代音乐家曾根据古文献所记载的排箫形如蝶翅的说法复原出26管、左右对称的排箫。曾侯乙排箫形如蝶之单翅（图2-36），这与世界各地的古排箫并无二致。

曾侯乙墓共出土瑟（图2-37）12件，7件出自中室，5件出自东室。据弦孔，原张施二十五弦，出土时弦已朽佚。通体髹漆。瑟尾彩雕饕餮纹、龙纹、蛇纹。面板边沿绘有菱形纹饰、云纹、龙纹、凤鸟纹。侧板绘有振翅飞翔的凤鸟和变形云纹。

相传伏羲作五十弦瑟，黄帝改良为二十五弦。目前考古发掘所见有十八弦、十九弦、二十一弦、二十三弦、二十四弦、二十五弦共六种弦制。瑟和琴常并称比喻和谐美好。

图2-32　沂南汉墓画像《石建鼓图》拓本（上）
图2-33　建鼓青铜鼓座（下）

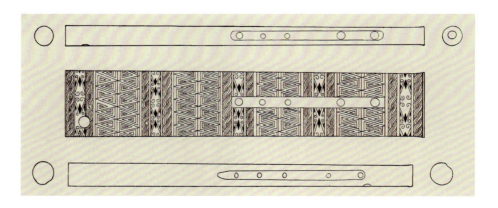

图2-34 彩漆竹篪（上）

图2-35 彩漆竹篪纹饰（下）

图2-36　彩漆排箫（上）
图2-37　彩漆瑟（下）

（二）房中乐

　　周代后妃在寝宫中为国君演奏的音乐，称为房中乐。房中乐不使用钟磬，而以管、弦为主，以舒缓、柔和的祭祀音乐和优美、轻快的民间音乐为歌诗伴奏。内容主要是歌颂先王、贤妃的德行，劝谏国君勤政爱民；祈求国泰民安。曾侯乙墓东室的琴、瑟、笙、鼓等 10 件乐器即用于房中乐。房中乐相当于《诗经》的雅、颂和二南。

　　琴，弹拨弦鸣乐器。考古发现的早期琴，木质髹漆，面板首端设岳山，中间无柱，琴下设雁足以固弦，音箱占比过半，底板分离，习称半箱琴，目前所见有七弦、十弦两种，是后世古琴的祖型。曾侯乙的十弦琴（图2-38）由琴身与活动底板组成，琴身中空为音箱，出土时弦已朽佚。据两端弦孔和栓弦柱，原张施十弦。此琴形制文献未载，在考古发现中前所未见（表2-2）。

　　曾侯乙墓出土的半箱琴虽然没有后世的琴徽，但其基本结构已经很成熟。由于在弦乐器上长期的散音、泛音的演奏实践，人们能够养成对八度、五度、三度的精准听觉，从而通过一定的方式去追求音高的精准度。正因为如此，从西周晚期开始，钟的音高越来越准确，音列越来越丰富。

图2-38　素漆十弦琴

表 2-2　考古出土的早期琴

琴	时期	通长／厘米	最宽／厘米	弦数／根
郭家庙 86 号墓琴	春秋早期	91.0	20.0	7
随县曾侯乙墓琴	战国早期	67.0	19.0	10
荆门郭店 1 号墓琴	战国中期	82.1	13.5	7
枣阳九连墩 1 号墓琴	战国中期偏晚	73.3	25.0	10
长沙五里牌 3 号墓琴	战国晚期	79.0		9（或 10）
长沙马王堆 3 号墓琴	西汉初期	81.5	12.6	7

　　展览还展出了曾侯乙墓中共出土的 6 件笙，中室 4 件，东室 2 件，有十八簧、十四簧、十二簧三种。东室的十八簧笙笙斗，器表饰绹纹、涡纹、云纹。竹制笙苗出土时已散乱。中国古代乐器按质地分为金、石、土、革、丝、木、匏、竹八类，称为八音。笙属匏类乐器，匏即葫芦。用匏制作笙需在幼匏时按笙斗形制用匏范套住幼匏使之定形。此笙是目前所见中国匏制笙中最早的实物（图 2-39）。

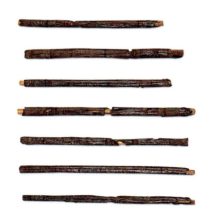

图2-39　彩漆笙笙斗、笙苗

三、所尚若陈

展览进行到此处，关于祭祀的故事便告一段落了。无论曾侯乙的编钟多宏大，酒器多精美，它们所承载的礼仪制度都随着时代的发展与时人的生活渐行渐远，人们转而关心现实生活的变化，这一点曾侯乙也不能例外。

曾侯乙时代社会经济的进步与发展，为贵族提供了丰厚的物质保障，进而为他们进行精神探索和审美追求提供了一定的基础。墓中陈设的精美青铜用器、漆木器和玉器见证了技术的进步，展现了那个时代所崇尚的高贵、优雅、精致的贵族风貌。我们从后妃女乐、肆筵设席、佩饰琼瑶三个角度入手，重现了曾侯乙的生活细节，并从中展现曾侯乙时代的贵族精神面貌和社会意识。

展示曾侯的生活侧面、营造宫廷的整体氛围，是展览从曾侯乙墓转换到曾侯乙上的重要实践。同时，对于周代宫廷中的女性能参与到祭祀当中来，负责演奏中室燕乐乐器这一现象，在此次展览中也形成了独立小节，相较以往版本曾侯乙主题展览只对陪葬女性年龄、身高及随葬器物进行简单的数量统计而言，呈现内容更为丰富与鲜活。

（一）后妃女乐

周代宫廷中的女性也会参与到祭祀当中。曾侯乙墓西室的 13 位殉葬女性为女乐，负责演奏中室燕乐乐器。曾侯乙墓东室葬的 8 位殉葬女性是曾侯乙的妃妾，同时也负责在寝宫祭祀时参与房中乐。她们的陪葬品中不乏精品，其中彩漆木雕鸳鸯形盒（图 2-40）上的图案生动地表现了乐舞场景。

图2-40　彩漆木雕鸳鸯形盒

　　彩漆木雕鸳鸯形盒通高 16.5 厘米，身长 20.1 厘米，身宽 12.5 厘米，出自西室陪葬棺。头身分别雕成，头部雕琢，形态逼真，颈下有一圆柱形榫头，榫头的前端两边各侈出一小圆钉，器身由两半胶合而成，颈部有一圆榫眼。榫眼上部两侧，各有一小竖凹槽，以便鸳鸯的头能自由转动。器身肥硕，内部剜空。背上有一长方形孔，承一长方形盖，盖上浮雕龙纹，翅微上扬，尾平伸，足作卷曲状。全身黑漆为地，施艳丽彩绘。颈部与腹部朱绘麟纹，间以小黄圈，翅部、尾部用红、黄色点相间，绘锯齿状带纹。特别值得注意的是，在其两侧腹部有彩绘的撞钟击磬、击鼓跳舞的图案，为我们研究此墓乐器的演奏方法提供了形象资料，是反映我国古代音乐舞蹈及绘画艺术的罕见材料。

　　右侧绘击鼓图，当中以一兽为鼓座，上竖建鼓，一旁绘有一兽，上肢拿两个鼓槌，正轮番击鼓，另一旁还绘一高大佩剑武士，正随着鼓声翩翩起舞。

　　左侧绘撞钟图，以两鸟（兽）为柱，横梁作两层，上梁为两鸟（兽）对立用口衔托，悬挂两件甬钟，下梁搁于鸟的腿上，上悬二磬，旁边有一似人似鸟的乐师，拿着撞钟棒，正在撞钟。

（二）肆筵设席

我们希望此次展览展现出的曾侯乙是一位活生生的人，他有自己的兴趣爱好和生活。曾侯乙墓中出土的诸多食器，过去往往被认为是祭祀器，但事实上也有许多为实用器，它们中的部分器物必然在曾侯乙的日常生活中扮演了重要的角色。其不仅是贵族宴饮的重要道具，也是曾侯乙现实生活的真实写照。因此，我们特意将这部分食器单独制作成一个独立的板块。在曾侯乙时代，贵族的宴饮食材愈加丰富，食器更为精美，烹饪手法更加多样。曾侯乙使用的数量众多、制作考究的日用青铜器、漆木器、金器，凸显了其生活品位。

铜炉盘（图2-41）用于煎烤食物。出土时炉内存有木炭，盘内存有鲫鱼鱼骨。盘底有烟炱痕迹，是目前已发现的最早的煎烤食物的青铜炊具。

图2-41　铜炉盘

　　在已发掘的先秦墓葬中，很少发现金器。曾侯乙墓中出土的金器数量较多。图 2-42 所示这件金盏是先秦金器中最大、最重的一件容器，通高 11.0 厘米，口径 15.1 厘米，盖径 15.7 厘米，重 2156 克。其制作十分讲究，盖上饰几圈蟠蛇纹、陶纹和云雷纹，器口沿下饰一圈蟠螭纹和三足作倒置的凤首，纹饰和器形都很美观，是一件难得的艺术珍品。金盏出土时内置镂空金漏匕（图 2-43）1 件，通长 13.0 厘米，宽 3.4 厘米，重 56.45 克。匕面镂空成变异的龙纹。经检测，漏匕的含金量为 87.45%，含银量为 12.55%。另有 1 件素面金杯（图 2-44），重 789.93 克。

　　漆盖豆是用来盛放腌菜、肉酱等调味品的器皿。周代贵族在日常生活中普遍使用漆器。在曾侯乙的时代，漆器的种类和数量增多，工艺更加精致，纹饰更加繁缛。由于曾侯乙墓地处我国南方，地下水位高，因此出土漆器数量较多，保存更为完好。

　　我们展出的这件彩漆木雕龙凤纹盖豆（图 2-45）通高 24.3 厘米，口长径 20.8 厘米，出自曾侯乙墓东室。盖顶上浮雕三条龙，互相盘绕。在方耳的内侧、外侧、顶面及两旁五面，浮雕成类似编钟鼓部等处纹样的龙纹装饰。但各面的龙形态各异：耳面的内侧，从全局看为一浮雕的兽面，而兽面的鼻与嘴又由浮雕的龙组成；耳面的外侧，浮雕成两条龙；耳的两旁，浮雕成一条大龙；耳的顶面浮雕成一条双身龙，也较大。这些浮雕的龙，首、耳、目、嘴、角均刻画入微，龙身的鳞爪亦雕刻细致。为了增强其立体感，把龙身雕得互相盘错，或隐或现，再加上鲜艳的彩绘，犹如浮动于云彩之中，表现极为生动。

　　盖面靠近浮雕处和最外缘各有一圈阴刻的云纹带，两圈带之间有 8 个小方块。小方块之内阴刻云纹，方块之间用网纹作底，绘疙瘩状勾连纹。豆盘的外侧分上下两段，两段下方均绘小菱角纹带。上段绘大菱角格，格内外绘云纹。下段以网格作底，其上绘变异的凤纹。在豆柄与座上，也绘有云纹、菱角带纹和变异凤纹。

　　曾侯乙墓共出土漆木案 3 件，形制类似，分为面板、腿和足三部分。四腿雕成鸟形。案面浮雕兽面纹（图 2-46）。

图2-42　金盏（上）

图2-43　金漏匕（中）

图2-44　金杯（下）

图2-45　彩漆木雕龙凤纹盖豆（上）

图2-46　浮雕兽面纹漆木案（下）

图2-47　漆木食具箱（上）

图2-48　食具箱内食器摆放方式（下）

中室出土2件漆木食具箱(图2-47)，分别装食器和酒器。两箱外面有拴绳的铜扣，可以肩挑，适合于出巡出游。食具箱的箱身内部用隔板分作两半，每部分各盛放铜鼎、铜盒1件(图2-48)。箱底剜有三个凹槽和一个圆形浅槽，用于固定鼎足和铜盒。出土时内装有2件兽形钮盖鼎，鼎腹下方各置有1件铜盒。鼎内有去头、蹄的乳猪与雁骨(表2-3)。酒具箱器身狭长，平底，上作子口，承盖。盖微隆起，为一块整木剜成。器身由五块木板卯榫结合拼制而成。酒箱的侧板与挡板用扣榫衔接，为使结合牢固，在接榫部位还使用铅锡抓钉钉牢，底板的四边都留有榫头，插入侧板与挡板相应的榫眼内。器身与器盖内横隔成长短不一的5格，器身内有一长格又加一竖板隔开，故共为6格。格内分别装漆方盒4件，漆圆罐形盒1件，漆耳杯16件，木勺、竹夹等物，以及鸡骨、鱼骨若干。

表 2-3　曾侯乙墓中的食物

食物种类	出土位置（编号）
猪、鸡	铜升鼎（C.87）
猪、羊	铜升鼎（C.88）
牛、鸡	铜升鼎（C.89）
猪、羊	铜升鼎（C.92）
鲫鱼	铜升鼎（C.93）
猪	铜升鼎（C.94）
猪、小羊	铜升鼎（C.95）
牛	铜牛钮盖鼎（C.98）
猪	铜牛钮盖鼎（C.99）
鳙鱼	铜牛钮盖鼎（C.100）
猪	铜牛钮盖鼎（C.101）
牛	铜牛钮盖鼎（C.104）

续表

食物种类	出土位置（编号）
牛	铜镬鼎（C.96）
牛	铜镬鼎（C.97）
雁	铜四环钮盖鼎（C.103）
乳猪	食具盒内的铜兽形钮盖鼎（C.235）
雁	食具盒内的铜兽形钮盖鼎（C.236）
鲫鱼	铜炉盘（C.197）
鸡、鲤鱼	酒具盒（C.10）
牛	铜甗（C.165）
猪	铜鬲（C.163）
猪	漆木俎（C.54）
水果	食具盒（C.60）
菱角	主棺内棺（E.C.11）
花椒	主棺内棺（E.C.11）
山茶果壳	东室陪葬棺（E.C.2）
苍耳	东室陪葬棺（E.C.8）
山茶籽	西室陪葬棺（W.C.1）
杏	西室陪葬棺（W.C.10）

（三）佩饰琼瑶

周代贵族佩饰以玉为主，象征权力地位，彰显君子美德。贵族身份越高，佩玉所用玉器就越多，越精美。曾侯乙墓中所出如十六节龙凤玉挂饰、玉龙佩等器代表了当时玉器工艺的最高水准，也把"曾侯乙展"推向了一个小高潮。

　　曾侯乙墓的玉质饰物均经打磨抛光，玉色以青白、青黄、灰白、黄白、黄褐、青蓝色为主，少数为深绿、浅绿、白色，均通体抛光。玉质并不纯净，一般都程度不同地带糖（酱黄色杂质）、柳（裂痕）、墨（黑色或蓝色斑点）、饭（白色斑点）、石（石质或石化）。纹饰有谷纹、云纹、双龙纹等。雕技可分为平雕（雕刻）、浮雕、阴刻、透雕、圆雕、穿孔等。这批玉石属新疆软玉。玉质饰物均有程度不同的局部微缺损，同类器往往成双成对地出现。

　　璜，形如半璧。璜与其他玉器可以组成杂佩，即组玉佩。杂佩一般分挂于腰带左右侧，贵族行走时保持步伐稳重、仪态优雅，杂佩相碰发出的声音和谐悦耳，尽显贵族风范。展览展出的透雕龙纹玉璜（图2-49）为青黄色，器面扁平，作双龙附璧形，素面。龙透雕，对称分置于璧的左右，方向相同，均曲身，向外回首，向内卷尾。

　　另一金缕玉璜（图2-50）通长11.8厘米，宽2.8厘米。器呈半璧形，由三道金丝线接大小2件玉璜组成。器身较窄，较薄，全器共有16个小穿孔，其中大、小两璜的拼接处各有3个，并相对应，用以穿纳金丝。器边缘及中部共有18个方形和尖形的小缺口，三道金丝平行连接大小两璜相对应的3对小穿孔，其中上、下两道金丝各在器的一面回折四次，另一面回折三次，中间一道金丝在器的一面回折两次，另一面回折一次。

　　玉玦为环形，有一缺口，意喻遇满则缺。贵族佩戴玉玦，来彰显自身行事决断具有君子风范。

　　曾侯乙墓中出土大量龙形玉佩（图2-51、图2-52），这些佩可能都是组玉佩的组成部分。组玉佩是由数量不一的璧、璜、珩、管、珠等按一定组合穿系在一起的玉饰。因佩者身份地位的差异，组合形式亦有区别。周礼规定不同等级的贵族步履的缓急各不相同，其佩戴的组玉佩发出的声音可以起到规范步伐的作用。《礼记·玉藻》中说："周还中规，折还中矩，进则揖之，退则扬之，然后玉锵鸣也，故君子在车，则闻鸾和之声，行则鸣佩玉。"

　　四节龙凤玉佩（图2-53）由一块玉料雕琢成可以活动卷折的4节，共雕刻出7

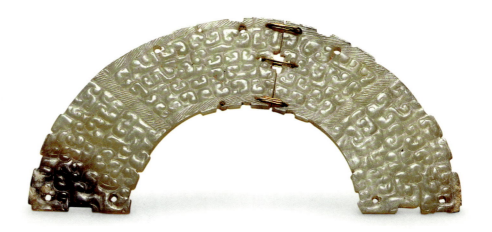

图2-49　透雕龙纹玉璜（上）
图2-50　金缕玉璜（下）

图2-51　龙形玉佩

图2-52　圆雕玉龙佩（上）

图2-53　四节龙凤玉佩（下）

图2-54 十六节龙凤玉挂饰

条卷龙、4只凤鸟和4条蛇。此器出自墓主腹部，器形与其他玉佩不同，可能是单独佩戴的。

全器由4节和3个椭圆形环组成，中间1个环是活动的，上下2个环是固定的，3个环本身实际上是1条龙。各节上的龙与凤分列左右，并相对称。第1节为对首的双凤；第2节为两条卷龙，其龙首交错，尾部各为1只凤；第3节为屈首相背的略小的双卷龙；第4节为对首较小的双卷龙，两龙首相接处有1个对钻小穿孔。

十六节龙凤玉挂饰（图2-54）通长48厘米，青白色，出自墓主人的下颌，并作卷折状放置。器呈长带形，共分16节，各节大小不一，一般作1小节与1大节相间串联，其中第1节的顶端横穿1个对钻小孔，器整体是一龙，此节即为龙首。

各节均透雕成龙、凤形或璧、环形，并两面阳刻或阴刻出这些龙、凤的细部（嘴、眼、角、鳞甲、羽毛、尾、爪等）和璧、环上的谷纹、云纹、斜线纹等，除了透雕的龙、凤外，还有两面阳刻或阴刻的龙、凤、蛇等，全器共透雕、阳刻、阴刻出37条龙、7只凤以及10条蛇，它们的形象千姿百态，栩栩如生，并往往相对称，其中第14节和第15节上出现了凤爪抓蛇的画面。

此器堪称古代玉雕之一绝。全器原为5块玉料，分雕成16节，然后用3个素面的椭圆形活环及1根玉销钉连接成一串。5块玉料各自分雕的节数如下：第1块玉料分雕出第1、2节；第2块雕出第3至6节；第3块雕出第7、8节；第4块雕出第9至11节；第5块雕出第12至16节。

其中连接第2块与第3块的，是1根横插的玉销钉，其余各块是由活环套接，活环有一缺口，缺口两端分叉，纳入1个十字形饰件，似榫接套合状。

此器玲珑剔透，可以自由卷折，集分雕连接、透雕、平雕等玉雕技艺于一体，雕出龙、凤和蛇的形象，并饰有谷纹、云纹、斜线纹，为迄今所见最精美的周代玉器之一。据推测，其可能为帽子上的装饰品。

虎形玉佩（图2-55）通体青黄色，平整，极薄，雕成伏虎形，身、爪平趴，颈前伸，翘鼻瞪眼，凹腰卷尾，大有一触即发之势。其中嘴、背和尾各有一小穿孔，器的一面阴刻出虎的细节，另一面阴刻一只鸟首。曾侯乙墓中仅此1件，一面为虎纹，另一面为凤鸟纹，可能是由1件西周晚期凤纹玉佩改制而成。

玉剑饰指镶嵌在佩剑上的剑首、剑格、剑璏和剑珌。镶玉佩剑称玉具剑，除显示财富之外，也是贵族身份象征和礼仪用器。战国时虽已出现装在铜剑上的玉质剑饰，但像曾侯乙的玉剑（图2-56）这样通体用玉的，极为少见。

这件玉剑通长33.6厘米，宽5.1厘米，青白色，出自墓主人腰腹间，是一把带鞘的剑，全器分为5节，用金属连接，不可活动折卷，是一种装饰品。其中剑首与茎用一道金属物连接，余皆用两道金属物连接，两节交接处都有对应的孔，再以金属物嵌进孔内，金属物表面贴有纺织物。这是目前所见中国最早、

图2-55 虎形玉佩（上）
图2-56 玉剑（下）

最完整的玉剑。

　　蜻蜓眼玻璃珠（图2-57）是以眼睛图案作为装饰的玻璃珠，类似蜻蜓的复眼。制作时，在珠体上嵌入不同颜色的玻璃，或在珠体上造出凸出表面的"鼓眼"。世界上已发现的最早的蜻蜓眼玻璃珠出现于古埃及第十八王朝（前1550—前1307年）。曾侯乙墓出土的蜻蜓眼玻璃珠属于钠钙玻璃，推测由西方输入。文献中与和氏璧并称的"隋侯之珠"指的可能就是这种玻璃珠。

　　西室2号陪葬棺内出土了一件高2.5厘米，宽1厘米，厚0.7厘米的玉人（图2-58）。玉人圆雕无足，一面的眼窝周围涂黑，头顶与两侧有穿孔，带有明显的女性特色。

图2-57　蜻蜓眼玻璃珠（上）

图2-58　玉人（下）

四、民祀唯房

务农重本，国之大纲。农时指导着传统农业生产，观察天象、确定农时、祈求丰收是古代国君最为关心的国事之一。因此，我们认为农业的祭祀活动应当在整个展览中占有一席之地。

虽然曾侯乙墓中能够展出的与农业的祭祀活动相关的器物相对较少，但难能可贵的是，这一部分器物蕴含着丰富的古代天文学信息，足以撑起一个完整的展览单元。这一单元展出的《二十八宿图》衣箱（图2-59、图2-60）上绘制的星空是曾侯乙时代天文学智慧的体现。《弋射图》衣箱（图2-61）上特意书写"民祀唯房"，表明曾侯乙祭祀百姓崇拜的房宿，它是保佑农业生产的农祥星。这些图案与文字是当时"以民为重"观念的写照。

我们展出的《二十八宿图》衣箱是用于收藏衣物的箱子。在衣箱的盖面上，环绕"斗"字，书写着二十八星宿星名，"斗"字通过笔画延长线与二十八宿相连来体现两者的互动关系。通过研究这种互动关系，有学者认为这幅图描绘的是公元前433年农历大年初三傍晚的天象。在亢宿附近，刻有"甲寅三日"4字。通过核对古历发现，公元前433年正月初三正好是甲寅日，这一天在月相上叫初吉，是一个非常吉利的日子，国君可以举行籍田礼，劝耕务农。这是一幅"北斗携连图"，内含着"斗转星移""斗柄授时""正月建寅"等历法认识。在衣箱盖的另一面，房宿的形象独占一面，显得非同寻常。

二十八宿（图2-62）的个别名称最早见于殷墟卜辞，全部名称的记载则见于成书于战国晚期的《吕氏春秋》。这幅二十八宿图说明在战国初期，我国就已形成了二十八宿体系，并有与北斗配合使用的鲜明特点。

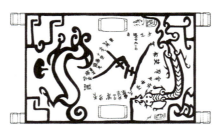

图2-59　《二十八宿图》衣箱（上）

图2-60　《二十八宿图》衣箱纹饰（下）

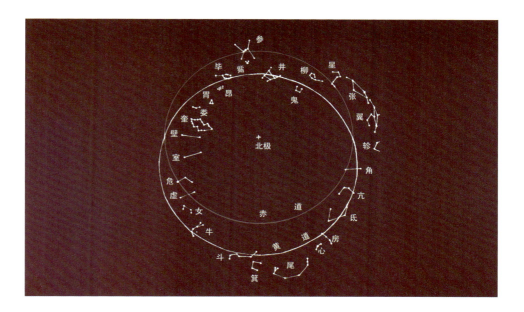

图2-61　《弋射图》衣箱（上）
图2-62　黄道与二十八宿图（下）

　　《二十八宿图》衣箱上表现的"斗转星移"的关系，只有在纬度偏北的黄河流域才能观察到。这证明中国的二十八宿体系并不是来自古印度。

　　此部分另1件重要展品为《弋射图》衣箱。中国古代传说唐尧时代"十日并出，焦禾稼，杀草木，而民无所食"，尧乃命后羿射下了九个太阳，从而拯救了人类。

　　弋射是指周代贵族使用弓箭猎取飞鸟，《弋射图》衣箱的盖面所绘两幅图表现了后羿射日的情景。其边缘还绘有两条反向互相缠绕的双首人面蛇，可能是传说里的伏羲和女娲。箱面另有漆书20字："民祀唯房，日辰于维，兴岁之驷，所尚若陈，琴瑟常和。"意思是说民间祭祀房宿，也就是立春前后的天驷星，便可以风调雨顺。

　　曾侯乙墓中还出土了一件《夸父逐日图》衣箱（图2-63），它的一侧绘有夸父逐日的神话故事，所绘之鸟为日中金乌。盖面所绘四兽似马，可能象征天驷星座。

图2-63　《夸父逐日图》衣箱纹饰

房宿是这些衣箱漆绘的共同主题。房宿除了叫天驷，还叫农祥星，它与农事有一种天然的联系。根据推算，《二十八宿图》中的"甲寅三日"正是初吉之日，国君可以举行籍田礼，劝耕务农。

为了方便观众更好地了解曾侯乙墓文物中蕴含的丰富天文知识，同时也为了丰富这一单元的展示内容，我们在展品之外做了许多功课，为观众介绍了包括二十八宿、"斗转星移"在内的大量的背景知识，其中不乏最新的考古研究成果。

斗转星移

我们常用"斗转星移"来形容季节变换、时光流逝。其实这个含义来自古人对北斗与二十八宿的互动关系的认识。中国最早的历书《夏小正》里讲了一种正月的特有天象，即傍晚时分参宿运行到天顶，北斗斗柄指向下方，讲的正是"星移"和"斗转"。

二十八宿

二十八宿是人们观测日月五星运动的坐标。日出日落是地球的公转和自转给我们造成的错觉，这种现象叫作视运动。太阳在一年里的视运动所"走过"的轨迹叫"黄道"。为了描述日、月和金、木、水、火、土五星的视运动的位置，古人把黄道及其附近的恒星划分成了28个面积不等的区域作为观测坐标，这就是二十八宿。

五、车马仪仗

"国之大事，在祀与戎。"春秋战国时期是我国历史上重大的变革时期，诸侯之间的战争与兼并十分频繁。当时各国把战争看成与祭祀同等重要的大事，因此各国十分重视兵器的改良和创新。

车马兵器是周代国力的标志，也是所有者身份等级的象征。曾侯乙拥有数量庞大的兵器、车马器，"五兵"俱全，制作精良，体现了当时最先进的装备制造技术。其中，不少未开刃的兵器用于仪仗或祭祀乐舞中战争场面的呈现。

尽管我们目前还不太了解曾国的军事活动，但从墓中出土的兵器可以看出，当时盛行车战，多用长杆兵器和射远兵器作战。此墓出土的兵器有戈、矛、戟、殳、弓、箭镞、盾、甲胄等4700多件。除皮革制作的甲胄、盾外，大部分保存较好。兵器主要出自北室，北室内各种兵器重叠堆放，宛如古代的兵器库。

（一）车马器

我们最先为观众展示的是曾侯乙墓中出土的车马器，矛状铜车軎（图2-64）加装在战车轴端上，行进时可杀伤近车之敌。曾侯乙时代，车马器制造技术水平大为提升，结构精巧，配件标准，工艺精湛。墓中出土的错金银青铜车马器和彩绘马甲胄体现了其主人高贵的身份，极具攻击性的矛状车軎为考古出土所罕见（表2-4）。

图2-64　矛状铜车軎

表2-4　曾侯乙墓出土竹简中所见不同名称的车

车名	用途
大迨（路）	贵族所乘之车
戎（路）	以戎马为驾之车
朱迨（路）	以象牙为饰之车
鞘迨（路）	以鹿皮为饰之兵车
王僮车	冲车之轮有刃，可能是配备有刃车書
游车、畋车	田猎之车
安车	可在车厢里坐乘之车
墨乘	墨漆革车
政车	车阵中的指挥车
鱼轩、圆轩、左轩	轩的车厢两旁有较高的屏藩。鱼轩以鱼皮为饰，圆轩疑为圆形之车，左轩系以朱涂左轩之车
鸞车、鸞乘、鸞轩	设有銮铃之车
乘车	平日所乘之战车
輂（椎）车	车轮无毂、辐、牙之车
酌（轻）车	宜于驰骤之战车，用于冲击敌阵
峙桴（置李）车	类似于后世驿传用车
大旆、左旆、右旆、左橦（彤）旆、右彤旆	旆本指军前大旗，载旆的前驱车也可以称为旆。大旆是指中军前驱的兵车
广车、乘广、少广、行广	广车似为旆、殿等兵车，行广是其他性质的广车
大殿、左殿、右殿、左彤殿、右橦（彤）殿	大殿大约是后军的中军，而左殿、左彤殿、右殿、右彤殿为其左右翼
端（耑）毂	可能是车毂雕镂有花纹之车
畴辐（軦）车	用軦（曲柄车盖）之车
卑车	卑轮之车

（二）兵器

曾侯乙墓所见的兵器种类繁多，数量庞大，其中殳和多戈戟是考古发现中少见的兵器。许多兵器上的铭文显示其曾为曾侯乙先辈所有。事实上，曾侯乙墓中数量、种类繁多的兵器只是周代众多兵器的缩影。

周代战车上通常装备五种兵器，即"车之五兵"，可用于战争及诸侯的朝见、盟会、葬礼等场合。

酋矛，是矛杆（柲）较短的兵器，为周代五兵之首。

夷矛，是矛杆较长的兵器，用于车战。所谓"夷"，是夷灭敌人之意。曾侯乙墓共出土各式矛（图2-65）49件。

戈（图2-66）是勾啄兵器。

戟由多件戈所组成，兼有勾、啄、刺、割四种功能。部分戟为戈矛合体。曾侯乙墓共出土各式戟30柄，包括带刺三戈戟3件。

殳为刺兵。一种叫锐殳，殳头呈三棱刮刀形；另一种叫晋殳，以呈铜套状的镦安装于柲两端，用于仪仗或在战车上作旗杆之用。曾侯乙墓分别出土锐殳7件，晋殳14件。

图2-65　铜矛（左下）
图2-66　曾侯乙铜戈（右下）

木芯

竹条

丝线、革带或藤皮

图2-67　柲的结构

　　出土的曾侯乙的兵器中有很多保存完整的柲，长达3至4米。柲是指戈、戟、矛等古代兵器的柄部。展览中陈列的矛、戈都属长兵器。长兵器的杆子通常有2至3米长，最长的可达4米多。这么长的杆子用的什么材料，是怎样制作的呢？如果单纯用木头容易断，用竹子容易弯，用铜又太笨重。曾侯乙墓内出土长兵器的杆子是以长木杆为芯，外表包上长竹条，再以丝线、革带或藤皮缠绕髹漆制成的（图2-67）。这样制作的长兵器，集木、竹、丝、藤、漆的特长于一体，既能伸直不断，又比较轻便，具有一定的弹性，适合于在战车上使用。

　　曾侯乙墓共出土弓55件，除1件单体弓外，其余都是复合反曲弓。挂弦时，须将弓弧度反过来，以加大张力。曾侯乙墓中共出土青铜箭镞4507件。箭镞形制多种多样，很多箭镞有倒刺，以三倒刺和六倒刺居多，多者倒刺达到9个。出土时，部分箭杆保存完好，成捆放置，约50支为1捆。

　　此外，曾侯乙墓共出土盾49件。其中北室出土26件，东室出土23件。

　　我们选择重点展出的这件彩漆龙凤纹盾（图2-68）应为仪仗使用。上部作圆

图2-68　彩漆龙凤纹盾

蒲扇形，上有方领，中部作倒梯形，下部作矩形，中部宽于上部，下部又宽于中部。盾面中部朝外弧凸。柄为木质，从背脊上端一直通达于底。柄于中部呈圆弧形凸起，为握手，握手内部的銎口呈长方形，握手处切面呈椭圆形，柄的中部略粗，上下两端略细，切面呈半圆形，柄的上下两端皆朝后仰。

　　盾的正面为黑漆素面，背面以黑漆为地，上、中、下三部各用红漆线将整个盾区分为 48 个方框（竖 6 行，横 8 行）。上部与中部边缘的方框之内绘 T 形勾连云纹，方框与方框之间绘变异的龙凤纹。框内外的这些纹饰以细红漆线框边，边线之外，以红线的小方格网纹为地，衬出黑地的纹样。盾的边缘部分还绘有斜菱角纹，中间以云纹等纹饰镶边。

　　除盾牌外，我们还重点展出了人甲胄与马甲胄，甲胄是曾侯乙墓出土的一大特色器物，对研究我国古代兵器史有着重要的意义。

　　人甲胄分为胄、身甲、袖甲、裙甲四部分，甲由 201 片各式皮革甲片用丝带编缀组成。甲片系生皮胎，经模具压制定型，髹深褐色漆 2 至 3 层。出土时，皮革和编缀的丝带多朽佚，仅存漆皮，仅个别甲片的穿孔尚存丝带。"曾侯乙展"展出的此套甲胄是经加固后重新编缀的，是迄今已知中国最早的皮甲胄（图 2-69）。

　　曾侯乙墓除出土人甲胄外，还出土了马甲胄（图 2-70）。这是历年来出土甲胄最多的一次。马甲胄出土时已散乱，皮革朽佚，仅存漆面。与人甲片相比较，马甲片较大，多施彩绘。马甲由胄、胸颈甲、身甲组成。胄为一整片，胸颈甲、身甲由丝带编缀而成。甲片为皮胎模压成形，开孔后髹漆彩绘。

图2-69　武士甲胄（上）
图2-70　马甲胄（下）

六、永持用享

在展览的最后一部分，我们又从曾侯乙回归到了曾侯乙墓。虽然在展览设计之初，我们就希望此次展览能够和以往不同，将主题从曾侯乙墓转换到曾侯乙。但提及曾侯乙，曾侯乙墓是无法回避的话题，将这一部分内容放置在展厅的最后，也符合由生到永生的展览逻辑线索。在展览内容和形式设计上，我们淡化了墓葬氛围，尽可能地从客观、科学的角度介绍曾侯乙所处时代的丧葬制度。事实上，曾侯乙墓是一座精心打造的地下宫殿。墓中的四个椁室，分别对应着其生前的庙堂、寝宫、后宫与仓库，陈列着他拥有的钟鼎彝器、车舆美食，寄托了他永世享用的期望。

曾侯乙竹简（图2-71）是目前所见时代最早的竹简实物，出自曾侯乙墓北室，共240枚，6696字。简文墨书，出土时字迹清晰。

简文详细记载了用于葬仪的车马兵甲，包括车名、马名、御者及其官职、车构件与配件、马用器具、车与马的配驾的种类和数量、兵器与甲胄的配置等内容以及随葬木俑等其他物品的情况（表2-5）。其中显示，不少楚国贵族为曾侯乙下葬赠送了车马，这是古代赙赠制度、车马制度的实例。

图2-71 曾侯乙竹简

表 2-5 竹简所记车马兵甲数量统计

类别	数量
葬仪用车	共 79 乘。自备车 43 乘，赗（fèng）赠马车 34 乘，另乘畋人赗赠骕车和骓车各 1 乘
助葬马	总数为 205 匹，另有乘畋人赗赠 2 头骕及 2 匹骓
装备兵器	弓 38 件，矢 2388 件，戟 22 件，戈 44 件，殳 7 件，晋杸 9 件
装备甲胄	人甲 64 套，马甲 86 套

注：实际出土的随葬兵器每一类都多于简文所记数量。

图2-72　玉琀

　　用于丧葬的玉璧、玉握、玉塞、玉琀（图2-72）等统称为葬玉。曾侯乙墓葬
玉出自内棺及内、外棺之间。古人认为玉可防腐，与再生观念紧密相连。我们
展出的这组玉琀出自墓主的口腔和颅腔内。器形有牛、羊、猪、狗、鸭、鱼等，
器小如豆，圆雕而成。两周至汉的琀常作蝉形，取再生之意。曾侯乙墓的琀作
六畜和鱼之形。

　　这一单元的展览重点是曾侯乙的主棺，主棺置于东室，分内外两层。

　　外棺（图2-73）为近方形盒状，上部比底部略大，由巨大的青铜框架嵌巨型
厚木板构成，以工字、厂字和T字形青铜为梁，铜柱和圆形铜础为框架。整棺
内髹朱漆，外壁包括铜足、铜框架均以黑漆为地，绘朱、黄色花纹图案，纹饰
主要为绚纹、云纹、龙形蜷曲勾连纹，并有阴刻框槽线。这种形式的青铜构件
彩绘漆棺是首次发现，它也是目前为止我国最大的一件出土漆器。

　　曾侯乙外棺出土时发现棺身向西倾斜约30°。东南角上的铜钮已插入南椁
壁板，造成东边棺盖未盖严（图2-74）。这说明曾侯乙在下葬时外棺重量太大，
导致倾斜，棺内玉器滑落，墓主的组玉佩难以复原。

图2-73　外棺

图2-74　曾侯乙外棺出土场景

　　内棺（图2-75）长2.49米，宽1.27米，高1.32米，置于外棺中，呈长方盒状，系巨型厚木板拼装组合而成，盖板与两侧壁板略向外呈弧形。棺内遍髹朱漆。内棺左右侧板的图像基本对称，描绘手持双戈戟的神灵，除绘门窗及龙蛇形组成的勾连纹外，其余纹饰多为龙、蛇等各种动物及神兽，是目前所见画面最大、内容最多的中国古代漆画。

　　墓主主棺内棺上的漆画描绘的极有可能是蜡祭。蜡祭，又叫腊八、八蜡。从文献中得知，蜡祭的形式特征是"六奏乐""兵舞"以及动物的形象。前者是听觉特征，后两者是视觉特征。《周礼·地官·司徒》记载："凡祭祀百物之神，鼓兵舞、帗舞者。"兵，就是兵器，兵舞，就是持兵器而舞；帗，就是帛制条状舞具，帗舞，就是持帗而舞。兵舞、帗舞都是用于蜡祭的主要舞蹈。

图2-75　内棺

　　曾侯乙墓的内棺周身髹漆并饰以各种动物895只，其中龙、蛇753条，内棺左右侧板的图像基本对称，描绘有不同类型的神灵、龙凤及怪兽。说到蜡祭里的动物形象，《礼记·郊特牲》里谈道："迎猫，为其食田鼠也。迎虎，为其食田豕也。迎而祭之也。"这里明确提到了猫、虎的形象。

　　曾侯乙墓的内棺还绘有神人4个，神兽武士20个。神像形貌十分怪异，有的人面鸟身，有的兽首人身。这些神怪都是赤膊正面、手持双戈戟的形象。对照墓主主棺内棺上的漆画来看，这幅画里让人印象最为深刻的，一是持兵器而舞，二是有些长有猫、虎之须。可以认为，持兵器而舞符合蜡祭中兵舞的特征；长有猫、虎之须的神像则是蜡祭仪式中，由人装扮的猫、虎之神。曾侯乙墓的北室出土有大量的长杆兵器，非常精美，与其他兵器坚韧锋利不同，其未开刃。有学者认为，这些兵器可能是乐舞表演的道具。这些北室的兵器有可能就是兵舞所持之兵器。

　　在我国古代，人们将鹤、鹿视为神鸟、瑞兽。鹤自古就被视为吉祥鸟，是群禽之长。鹤除了吉祥之意外，因其寿命能达到六七十年，故与松、龟并列，为人们心中吉祥长寿之象征，"松鹤延年"是中国人爱用的祝寿词。鹿是一种长寿的仙兽，据古书记载：千年为苍鹿，又五百年为白鹿，又五百年为玄鹿。更因为鹿和"福禄

图2-76　铜鹿角立鹤

寿"的"禄"同音同声，所以又象征富贵。

"曾侯乙展"的这件展品（图2-76）将鹿、鹤合二为一，展示了一种吉祥的动物形象。它出土时被置于主棺东侧，意在祈求以瑞鹤作为沟通人、神的媒介，引导曾侯乙灵魂升仙。

全器造型别致。底座、鹤腿、鹤身、鹿角以榫卯构连，鹤为长颈圆首，尖嘴上翘作钩状，硕腹拱背，翅展尾垂，高腿扁足，头两侧生有枝杈丛生、朝上内卷呈圆弧状的一对鹿角。鹤的头、颈及鹿角上饰错金涡云纹、三角云纹和圆圈纹；腹背饰羽毛纹；背上有凸脊，脊上及腹、翅、尾下部镶嵌绿松石；翅上浮雕蟠螭纹、圆圈纹；腹与翅连接处有蟠龙环绕，龙嘴衔翅；腿上饰涡云纹；爪上饰回纹。全器分八个部分，分铸后连接组装而成。

七、曾国之谜

曾侯乙是周代诸侯国曾国的国君，"侯"是其爵位，"乙"是他的名字。他生活的年代在公元前5世纪前后。他的墓葬于1978年在湖北随县（今随州市城区）被发现。那么曾国是一个怎样的国家？曾侯乙的墓葬是怎样被发现的？曾侯乙的祖先又来自哪里呢？

这些疑问或许都曾在参观"曾侯乙展"观众的脑海中浮现。在2007年版的"曾侯乙墓基本陈列"中，由"曾国之谜"单元介绍的曾国族姓、曾随关系等内容，是基于当时对曾国历史线索和文化面貌的认识，对曾国历史进行的简要介绍，作为"曾侯乙墓基本陈列"的基础背景知识。然而，自 2011 年以来，湖北地区的曾国考古重大发现应接不暇，极大地深化了人们对曾国历史文化的认识。曾国考古的突破使得对于曾国族源、族姓，曾随关系，曾楚关系，周初封国形势的认识已经完全不同。随之，曾侯乙墓的"曾随之谜"也得到了破解。不过其破解过程可谓峰回路转，完全可以在另一个展览中详细叙述，在"曾侯乙展"中的讲述可能冲淡曾侯乙墓的主题。因此，我们将"曾侯乙展"的主题聚焦在曾侯乙的贵族生活及其反映的周代礼乐文明上。曾国历史发展的纵线和考古揭秘过程的丰富材料，则在关于曾国的展览中呈现。

湖北省博物馆此前策划过"随州叶家山""枣阳郭家庙"等最新考古成果展，具备一定基础，因此我们平行策划了"曾世家——考古揭秘的曾国"展览（图 2-77）作为新馆的固定陈列，特别是将关于曾侯乙墓考古的基本情况、曾侯乙墓中出土的其他曾侯铭文青铜器等知识，置于其中加以介绍，使两个展览在不同的叙事逻辑下互补，分别从历史发展和代表性考古发现的角度阐释曾国这一目前考古发现最完整、历史序列最长的周代诸侯国的历史文化。为了更全面地展现两个展览的区别和联系，我们将"曾世家——考古揭秘的曾国"展览一并在此介绍。

（一）文献中的曾国

曾国远远没有因编钟而闻名于世的曾侯乙本人知名，这也是"曾侯乙展"能够独立于以曾国为主题的展览而存在的重要原因之一，而这一现象映射到曾国展览本身时，就出现了一个我们不得不面对的问题，即绝大部分观众缺乏对曾国的基本认识。事实上，曾国本身在历史上也是迷雾重重，我们也以此为线索，以"曾国之谜"作为展览的第一单元。

图2-77 "曾世家——考古揭秘的曾国"展览序厅

与我们所知道的秦国、齐国、楚国这些在《史记》《左传》中鼎鼎大名的诸侯国不同，曾国在这些史书上并没有记载。史书提到了两个小国：鄫国、缯国。《左传》中，春秋时期的鄫国位于今山东，为鲁国附庸，公元前567年为莒国所灭（图2-78）。而缯国则见于《国语》《史记》：西周末年，周幽王宠信褒姒，欲传位于其子，太子宜臼逃亡母家申国（图2-79）。因此申国联合其他诸侯国伐周，缯国也参与其中。缯国在今本《竹书纪年》中写作"鄫国"（图2-80）。史书对缯国没有更多记载。有学者认为伐周的申和缯都位于今西安以西地区。

自宋代以来，"曾侯钟""曾姬无卹壶"等许多"曾"字铭文青铜器陆续被发现，说明在周代存在一个曾国。然而在发现曾侯乙墓之前，我们并不知道曾国的具体位置，也不知道它和史书记载的鄫国、缯国有何关系。

○王師伐申
十一年春正月日暈○申人鄫人及犬戎入宗周弒王及鄭桓公犬戎殺王子伯服執褒姒以歸申侯魯侯許男鄭子立宜臼于申虢公翰立王子余臣于攜是爲攜王二王並立
武王滅殷歲在庚寅二十四年歲在甲寅定鼎洛邑至幽王二百五十七年共二百八十一年自武王元年己卯至幽王庚午二百九十二年

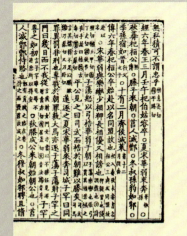

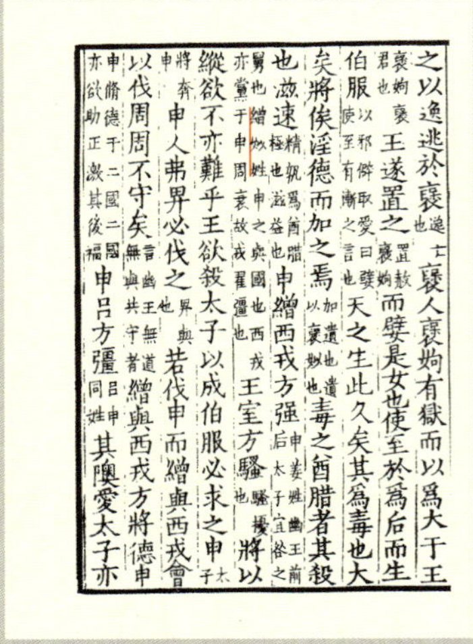

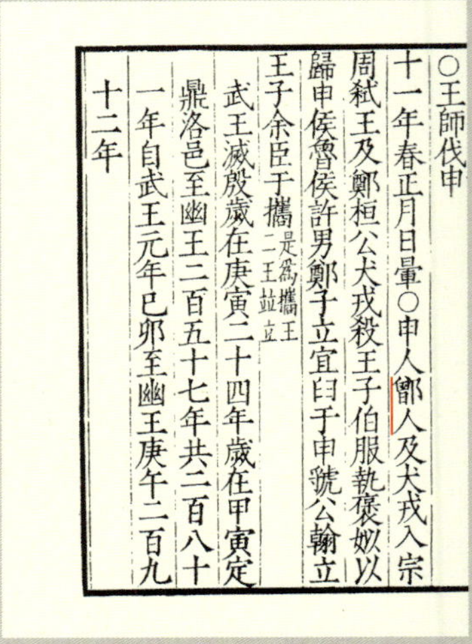

图2-78　《春秋》襄公六年：“莒人灭鄫。”（左）
图2-79　《国语·郑语》韦昭注：“缯，姒姓。”（中）
图2-80　今本《竹书纪年》卷二：“申人、鄫人及犬戎入宗周，弑王。（右）

1932 年，安徽省寿县朱家集李三孤堆楚王墓出土了曾姬无卹壶，一般认为此器作于楚宣王二十六年（前 344 年），曾姬无卹即为楚声王娶自曾国的夫人，这说明战国时期存在一个与楚国关系紧密的曾国，第一次为我们揭开曾国的神秘面纱提供了线索。

20 世纪六七十年代，在湖北的随州均川、京山苏家垄出土了数量众多的高等级“曾”字铭文青铜器。特别是京山苏家垄，农民在修水渠的过程中，发现了大量青铜器。尤其令人注目的是，出土了 9 件器形与纹饰基本相同、大小依次递减的青铜鼎（图 2–81）。作为最重要的青铜礼器，青铜鼎的数量和贵族的等级密切相关。最大的 2 件腹部内壁铸有铭文“曾侯仲子斿父自作䵼彝”。1966 年苏家垄出土的主要青铜礼器组合为九鼎八簋（实际出土少一簋）。

然而，这些青铜器大多不是经科学考古发现的，缺少墓葬环境、器物位置关系等系统考古信息，无法使我们更深入地认识曾国。直到 1978 年，考古工作者在湖北随县（今随州市区）擂鼓墩发现了曾侯乙墓，曾国的神秘面纱才开始揭开。

图2-81　窃曲纹鼎（9件）

（二）发现曾侯乙墓

通过第一单元展出的零星考古发现，我们简明扼要地向观众展示了曾国是如何被一步步"发现"的，但是距离揭开曾国的神秘面纱，显然还缺乏一个重要的契机——曾侯乙墓的发现。

作为"曾侯乙展"的平行展览，"曾世家——考古揭秘的曾国"展览必须要回答许多在"曾侯乙展"中未能为观众解答的问题。前文已经详细说明了"曾侯乙展"一改往日侧重曾侯乙墓的展陈思路，将展示的重点转移到曾侯乙的贵族生活上，但曾国作为一个完全由考古发掘证实的古国，其考古发掘过程对曾国研究展示意义非凡，同样也是观众十分关心的话题。因此，展览第二单元便系统地介绍了曾侯乙墓发现的全过程。

虽然许多珍贵文物均集中于"曾侯乙展"进行展示，但许多相关内容受到空间、策展思路限制而不能在"曾侯乙展"中呈现，例如许多"曾侯乙展"展厅中珍贵文物的发掘过程（图2-82、图2-83、图2-84），都可以在"曾世家——考古揭秘的曾国"中找到答案。

图2-82　曾侯乙墓发掘现场

图2-83 提取联禁大壶

图2-84　清理曾侯乙编钟

　　1977 年 9 月，解放军武汉军区空军雷达修理所在驻地随县擂鼓墩东团坡扩建厂房时，发现了土层异样。当时监督施工的王家贵、郑国贤等同志都是文物爱好者，他们决定立即向上级文物部门汇报。1978 年 3 月 19 日，时任湖北省博物馆副馆长兼文物考古队队长的谭维四先生率考古技术人员赶到现场，历时 3 天探明了墓葬的基本情况。同年 5 月，经报国家文物局批准后，曾侯乙墓的发掘工作正式开展。

　　曾侯乙墓的墓坑是在红色砂岩上挖竖穴形成的，残存的墓口平面呈不规则多边形，方向正南北，东西最长处 21.00 米，南北最宽处 16.58 米，总面积约 220 平方米。墓壁垂直，修削比较规整。椁盖板上先铺有一层竹席，竹席上铺一层绢，绢上铺竹网，竹网上填木炭，木炭上填一层厚 10—30 厘米的青膏泥（又称高岭土），青膏泥之上为一层黄褐土与一层青膏泥交替填充，距椁顶 2.8 米处铺大石板，石板层往上继续交替填青灰土和黄褐土直达墓口。发掘结束后推测：墓深约 13.0 米，木椁约高 5.5 米，填土总厚度 7.5 米。

　　椁室为木制，由 171 根长条方木垒成。方木用斧、斤、锛、凿加工而成，没有发现锯和刨的痕迹，修削较为平整，粗细也较一致，直径为 50—55 厘米，长短因室而异，最长者达 10.60 米，最短者也有 0.34 米（中室东墙门洞处靠北一段除外）。整个木椁共用方木 378.63 立方米，折合成长圆木五百余方。其材质经鉴定全部为梓木。其构筑程序是在红砂岩墓底上先平铺底板，底板上垒 12 道椁墙。曾侯乙墓椁室分为中、东、西、北四室，分别具有不同功能，象征宫殿中不同的宫室（图 2-85）。

　　考古工作者从 1978 年 5 月 11 日正式开始发掘工作。5 月 17 至 20 日，用一台载重 8.5 吨的黄河牌吊车起吊椁盖板，盖板揭完后，发现东、中、西、北 4 个椁室中满是积水，深不见底。5 月 21 日午夜，开始用一个小潜水泵从北室的东北角抽水。随着水位的徐徐下降，各室的随葬器物开始"露头"。

　　5 月 22 日，墓主外棺盖终于露出东室水面。这是由内外两层棺组成的一副套棺。外棺以青铜为框架嵌木板构成，体形如此庞大，加以铜木结构和髹漆绘彩，在过去的古墓发掘中未曾见过。接着又见到一座青铜鹿角立鹤面朝南立于主棺东北

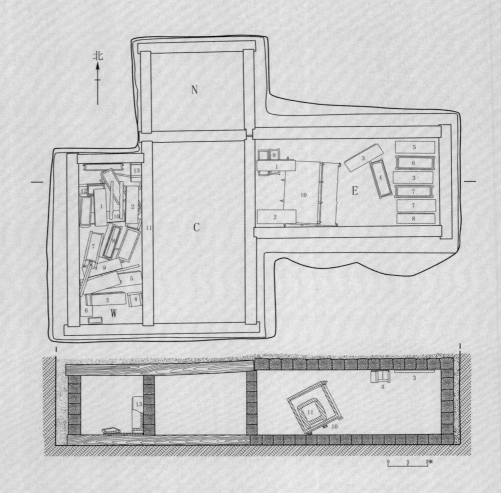

图2-85　曾侯乙墓椁室平、剖面图

　　注：N为北室，C为中室，E为东室，其中1—8为陪葬棺，9为殉狗棺，10、11为墓主棺，W为西室，其中1—13为陪葬棺。

角。之前浮于东室水面的 8 具随葬棺，经清理后发现随葬者均为青年女子，年龄均为 19—26 岁，应为墓主人生前的妃妾或近侍宫女。在主棺与陪葬棺之间，布满了各种质地的礼器、乐器、兵器、用器和车马器等。5 月 29 日，从主棺下取出金器 5 件。6 月 8 日，开始取吊主棺。无奈两台吊车同时起吊，大棺依旧纹丝不动。于是启用分层取吊的方案。外棺盖打开以后，发现一个形体巨大、五彩缤纷的内棺置于底部，顶部有已腐烂了的丝绸残迹。不一会儿，内棺盖也被打开。只见内棺棺室四壁的朱漆更加鲜艳，耀人眼目，南头棺壁上，1 块半圆形玉块嵌于中央，上部有腐烂的丝麻织物，可知当年下葬时死者身穿多层锦衣。下有人骨架，小型玉、石、骨、角器布满死者周身。内棺髹漆非常讲究，以朱漆为地，再以墨黑、金、黄等色漆绘出几何形门窗、龙、蛇、鸟及神人、怪兽等组成的图案。经过 4 个昼夜，内棺遗物的清理工作完成。清出人骨 1 具，经测定为男性，年龄在 45 岁左右。另外，清出金、玉、石、铜、琉璃、水晶、骨、角等各类文物 500 余件，其中不乏罕见的艺术珍品。剩下主棺的两层棺身，是到 6 月 21 日其他各室全部清理完以后才取吊的。至此，东室的清理工作基本结束。

5 月 22 日午夜，水位降到距椁墙顶 50 厘米的时候，中室隐约出现了 3 个木架。23 日凌晨，水位降到深 60 厘米处时，人们才发现木架下方悬挂着 3 组 18 件青铜钮钟，它们大小有序，悬挂依旧。24 日午夜，中层露出三个立于下层巨大横梁上的佩剑青铜武士。第 2 层横梁为长短两根曲尺相交，黑漆红彩，梁端饰有透雕龙凤青铜套，梁下悬甬钟 33 件。甬钟不仅比上层的钮钟体大，而且花纹精美，皆有错金铭文。25 日午夜，第 3 层横梁也显露了出来，12 件大甬钟及 1 件镈钟或悬于梁下，或落于梁架旁椁底板上。紧挨编钟的是 32 件石编磬和 1 座建鼓。至 6 月 15 日，全套编钟安然出土。中室取吊编钟的同时，将编钟南架与南壁间的青铜礼器，靠近东壁的大型酒器、漆木器及杂陈于钟、磬、鼓之间的包括扁鼓、有柄鼓、漆瑟、排箫、笙和篪等乐器一一取出。至 6 月 17 日，中室文物取出工作全部完成。

　　水位下降后，北室的清理从 5 月 29 日取出浮在水面的车舆、伞盖及甲胄残片开始，接着又发现大量长杆兵器、竹简。竹简在北室的西北部，成两堆上下叠压，与兵器、甲胄共处。到 6 月 23 日将两件大铜缶起吊出椁，北室的清理才最后完成。

　　西室的清理比较简单。在揭椁盖板时已取走木棺 2 具，5 月 22 日开始抽排积水不久，1 只无头鸳鸯形漆盒浮出水面，后在此室 2 号陪葬棺内找到了它的上半部分，知其为此棺内的随葬物品。6 月 17 至 19 日，将陪葬棺逐一吊出椁室，倾覆于椁室的小件器物及部分裹尸竹席亦同时取出。经复原归位后得知，此室陪葬棺共 13 具，尸骨经鉴定全为 13—24 岁的女性。东室 8 名或为妃妾或为近侍宫女的女子，其木棺制作较西室更精，随葬品更丰富。故西室 13 位女子或为君主宫中的乐舞奴婢。

　　墓内出土的众多青铜器上出现"曾侯乙"铭文，主棺旁还发现铸有"曾侯乙之寝戈"铭文的铜戈。以上证据表明，墓主人就是曾国的一位名叫"乙"的国君。

　　曾侯乙墓的年代是如何确定的呢？曾侯乙编钟中有楚王熊章镈（图 2-86），铭文为："唯王五十又六祀，返自西阳，楚王熊章作曾侯乙宗彝，奠之于西阳，其永持用享。"其记录了楚王熊章于在位的第五十六年，为曾国国君曾侯乙宗庙制作了一套编钟。查对文献有相关记载，熊章是战国早期的楚惠王，楚惠王五十六年是公元前 433 年。墓中随葬文物的年代一定不晚于墓葬本身的年代，所以公元前 433 年是曾侯乙墓年代的上限。

　　楚国是战国时期南方最重要的诸侯国。《史记》记载，西周早期周成王封熊绎为子爵。楚国经过数百年的不断扩张，到曾侯乙所处的战国早期，已成为地方五千里、战车千乘、甲兵百万的南方强国。楚惠王为曾侯乙铸造了编钟，曾国将其中一件镈钟随葬于曾侯乙墓，说明这一时期曾楚两国关系十分亲密。

　　曾侯乙墓中不仅随葬了大量曾侯乙本人的器物，还有诸多先辈的器物。著名的曾侯乙尊盘中铜盘底部原有"曾侯與"铭文（图 2-87），曾侯乙磨锉掉原来的铭文，改刻为"曾侯乙作持用终"。部分兵器上还有曾侯郏的名字（图 2-88）。

图2-86　曾侯乙编钟下层中间的楚王熊章镈

图2-87　铜盘底部铭文（上）
图2-88　曾侯𫲧铜戟（下）

据此可知，曾侯與、曾侯邸都是曾侯乙之前的曾国国君。

1981 年 7 月，考古学家又在西距曾侯乙墓 102 米的地方，发掘了擂鼓墩 2 号墓。擂鼓墩 2 号墓是建在红砂岩上的竖穴木椁墓。墓口长 7.3 米，宽 6.9 米。墓内遗有一双重主棺和一陪葬棺的痕迹。随葬有青铜乐器、礼器、杂器、车马器及陶器、玉石器等，计 2770 余件。其中有体现墓主身份的九鼎八簋、36 件编钟和 1 件"盛君縈之御"铭文铜簠，未见兵器。墓主可能是曾侯乙夫人。

曾侯乙墓的发现为我们揭开了曾国神秘面纱的一角，其成果之丰硕已经令人惊叹，但是曾侯乙的曾国却不见于文献记载。不过，根据《左传》的叙述，曾国所在的今随州地区在春秋时期有一个随国，是所谓"汉（水）东大国"，与周王室同为姬姓（图 2-89、图 2-90）。曾国在地理位置上与文献中的随国吻合，但是从未有随国又称曾国的记载，那么曾和随是否是同一个国家？这个"曾随之谜"，成为困扰学界长达 40 多年的难题。最终通过考古发现才解决了这一问题。

先秦时期的族姓是一种通过血缘关系结成的社会集团的符号。周王室的族姓是姬姓。周代既有与王室同姓的诸侯国，也有其他异姓诸侯国。姬姓诸侯国一般是周王直系子孙的封国，是分封制度中最重要的成员。异姓诸侯国则是功臣或夏商古国后裔的封国。

周代，已婚女子的称谓一般包含排行、父家族姓。例如，《左传》中的"惠公元妃孟子"是嫁给鲁惠公的宋国女子，其中"子"是宋国的族姓，"孟"意为排行老大。学者可以根据这些称谓判断诸侯国的族姓和各国之间的通婚关系（表2-6）。《左传》和《国语·郑语》韦昭注都记载，随是姬姓国。曾国的族姓成为考古学家探讨的重要问题。

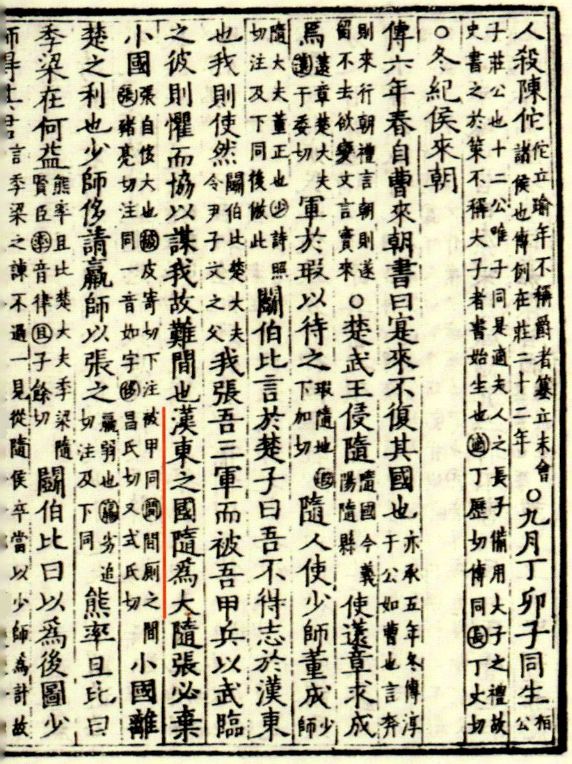

人殺陳佗（佗立踰年不稱爵者簒立未會諸侯也傳例在莊二十二年）○九月丁卯子同生（桓公子莊公也十二公唯子同是適夫人之長子備用大子之禮故史書之於策不稱大子者書始生也〔適〕丁歷切傳同〔長〕丁丈切）

○冬紀侯來朝

傳六年春自曹來朝書曰寔來不復其國也（亦承五年冬傳淳于公如曹也言奔則來行朝禮言朝則遂留不去欲變文言實來）○楚武王侵隨（隨國今義陽隨縣）使薳章求成焉（薳章楚大夫〔薳〕于委切）軍於瑕以待之（瑕隨地〔瑕〕下加切）隨人使少師董成（少師隨大夫董正也〔少〕詩照切注及下同後倣此）鬬伯比言于楚子曰吾不得志於漢東也我則使然（鬬伯比楚大夫令尹子文之父）我張吾三軍而被吾甲兵以武臨之彼則懼而協以謀我故難間也漢東之國隨爲大隨張必棄小國（張自侈大也〔被〕皮寄切下注被甲同〔間〕間廁之間〔張〕豬亮切注同一音如字〔侈〕昌氏切又式氏切）小國離楚之利也少師侈請羸師以張之（羸弱也〔羸〕劣追切注及下同）熊率且比曰季梁在何益（熊率且比楚大夫季梁隨賢臣〔率〕音律〔且〕子餘切）鬬伯比曰以爲後圖少師得其君（言季梁之諫不過一見從隨侯卒當以少師爲計故）

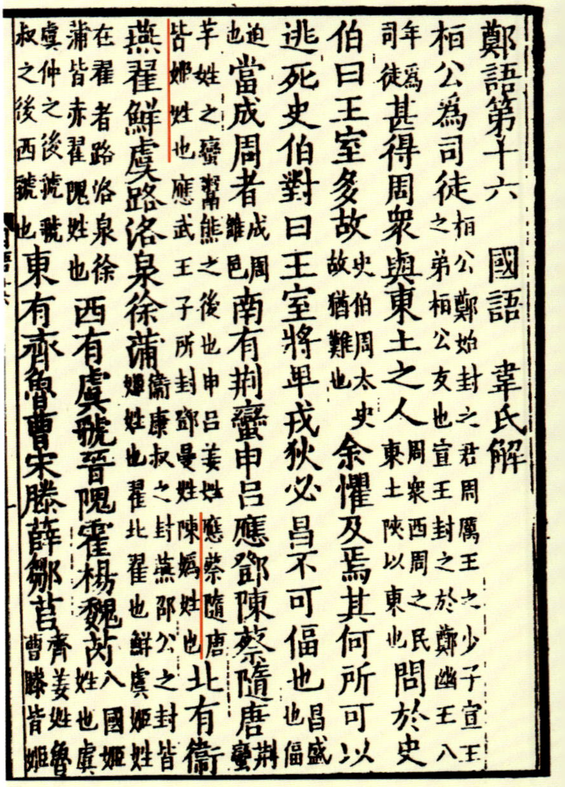

鄭語第十六　國語　韋氏解

桓公爲司徒（桓公鄭始封之君周厲王之少子宣王之弟桓公友也宣王封之於鄭幽王八年爲司徒）甚得周衆與東土之人（周衆西周之民東土陝以東也）問於史伯曰王室多故（史伯周太史故猶難也）余懼及焉其何所可以逃死史伯對曰王室將卑戎狄必昌不可偪也（昌盛也偪迫也）當成周者（成周雒邑）南有荆蠻申呂應鄧陳蔡隨唐（荆蠻芊姓之蠻鬻熊之後也申呂姜姓應蔡隨唐皆姬姓也應武王子所封鄧曼姓陳嬀姓也）北有衛燕翟鮮虞路洛泉徐蒲（衛康叔之封燕邵公之封皆姬姓也翟北翟也鮮虞姬姓在翟者路洛泉徐蒲皆赤翟隗姓也）西有虞虢晉隗霍楊魏芮（八國姬姓也虞虞仲之後虢虢叔之後西虢也）東有齊魯曹宋滕薛鄒莒（齊姜姓魯曹滕皆姬）

图2-89　《左传》记载：在汉水以东，周王室分封了众多姬姓诸侯国，其中最大的是随国，有“汉东之国随为大”的说法（左）

图2-90　《国语》韦昭注：“应、蔡、随、唐，皆姬姓也。”（右）

表 2-6　两周部分诸侯国族姓

国名	族姓	国名	族姓	国名	族姓
鲁	姬	秦	嬴	黄	嬴
蔡	姬	楚	芈（嬭）	邓	嫚
曹	姬	宋	子（好）	徐	嬴
卫	姬	陈	妫	弦	媿
晋	姬	申	姜	管	姬
郑	姬	东虢	姬	吕	姜
吴	姬	鄂	姞	唐	姬
北燕	姬	南燕	姞	杞	姒
齐	姜	魏	姬	薛	任（妊）

注：据顾栋高《春秋大事表·列国爵姓及存灭表》，部分族姓有修正。

（三）曾国从哪里来

在展览第二单元的最后，我们向观众抛出了一个曾侯乙墓发掘后世人关心的问题，即如此高规格的诸侯墓葬却为何丝毫不见史料记载，这一"凭空出现"的曾国究竟从何而来，与文献记载中的随国又有何联系？展览一环扣一环，在第三单元回答了这个问题。

考古发现证明，曾国立国于西周早期。经过 2011 年和 2013 年两次发掘，考古工作者在随州叶家山曾国墓地发现了 140 座曾国墓葬，3 位曾侯安葬于此。出土的大量青铜器、漆器、玉器等文物，揭示出曾国是重臣南公封国，扼守南北交通要道随枣走廊，是周王室分封至江汉地区的重要诸侯国。

在叶家山墓地，规模最大的 65 号墓、28 号墓和 111 号墓是整个墓地的核心（表2-7），都出土了众多带有"曾侯"铭文的青铜器。3 位墓主均为西周早期的曾国国君。65 号墓东侧的 2 号墓和 28 号墓东侧的 27 号墓墓主为国君夫人。墓地以大中型墓葬为中心，不同级别贵族墓共处于同一墓地，为文献中的"公墓"。

表 2-7　叶家山墓地曾侯及夫人墓

墓葬编号	墓主	对应夫人墓
65 号	曾侯谏	2 号墓
28 号	曾侯	27 号墓
111 号	曾侯犺	

展览完整展出了 28 号墓的青铜礼器，呈现了西周早期诸侯国国君等级贵族的器用制度，28 号墓的曾侯谏盉（图2-91）除三素面足外，其余器表均施以精美的三重满花纹饰。器盖立有一兔形钮。盖面饰两组牛角形兽面纹。颈部以牛纹为饰。腹部饰有大面积的牛角形兽面纹，爬行龙纹分列两侧。鋬部饰一兽首，双耳宽大突出。流上攀爬一龙，龙口作流口。器盖内壁中央、鋬内侧均铸有 6 字铭文"曾侯谏作宝彝"。这类鬲形腹身盉是西周最常见的造型，但本器装饰风格繁缛华丽，浮雕圆雕层次分明，造型生动，是商周青铜器中罕见的精品。

考古学家在 111 号墓中发现了 1 件"犺作烈考南公"铜簋，说明这件簋是曾侯犺为其父南公所作。据推测，南公是西周初年极具政治和军事才能的南宫适，而曾国就是南宫适的封国。南公家族是西周时期显赫的贵族世家，从西周早期一直延续到西周晚期。曾国是其家族的封国，他们在王畿有封地，并在王室世代为官。与齐、鲁等国一样，曾国也是南公长子前往封国驻守，次子即《尚书·顾命》中的南宫毛，留在王室任职。著名的大盂鼎铭文长达 291 字，记载了周康

图2-91　曾侯谏盉

王在宗周训诰盂之事，盂是南公后裔，其家族可能是南公家族留在周王畿的一支。在今天陕西宝鸡扶风周王畿故地出土的南宫乎钟也是其家族之物。

西周立国之后，实行分封制，将王室贵族和功臣分封到各战略要地，并通过相互联姻将与周天子同姓和异姓的诸侯统一在周朝封建制下。《左传·昭公二十六年》中说："昔武王克殷，成王靖四方，康王息民，并建母弟，以蕃屏周。"曾国正是在西周早期被分封到今随州地区的。

随州地处随枣走廊，北连南阳盆地，南通江汉腹地，是当时主要的南北交通要道，江汉地区的物资由此北输，周王朝南征蛮夷也由此进兵。在先秦时期，青铜是重要的战略资源，是国力和权力的象征，贵族用其铸造青铜礼器、制作兵器。当时，中国主要的铜矿资源分布在长江中下游地区，这里是非周部族分布之地。考古学家

图2-92　静方鼎

推测周王室将曾国分封至此，是为了控制铜矿资源北输的通道。西周早期青铜器、玉器上的一些铭文记载了周王朝多次对南方用兵，曾国当在其中发挥了重要作用。

　　《左传》《史记》《竹书纪年》等文献和不少青铜器铭文都记载，周昭王曾对今江汉地区大举进兵，讨伐荆楚。昭王十九年"南征不复"，殁于汉水。北宋时期在安州出土的中甗和现藏于日本出光美术馆的静方鼎（图2-92）之铭文记载了昭王南征伐楚的史事。其中有周王"在曾鄂师"的记录，说明曾国及其

图2-93　叶家山111号墓出土象牙

邻国鄂国是周王朝在南方的重要军事据点。

　　叶家山28号墓、111号墓中发现了随葬的铜锭。28号墓出土的2件铜锭材质均为红铜,铜含量达99%以上。铜锭是铸造青铜器的原料。这也是首次发现青铜的原料铜锭。

　　叶家山111号墓出土的象牙是西周时期墓葬中首次出土的完整象牙(图2-93)。《诗经·鲁颂·泮水》曰:"憬彼淮夷,来献其琛。元龟象齿,大赂南金。"意思是被征服的淮夷献来珍宝,包括大龟、象牙、美玉和青铜。象牙在商周时期被高级贵族用于制作奢侈品和祭祀。在相当于商代晚期的四川三星堆遗址、金沙遗址中曾出土大量的完整象牙,中原地区考古发现的多为牙雕制品。

叶家山出土的不少青铜器都能证明曾国与周王室的密切关系。126 号墓出土的麻于卣铸造精美，当出于王室作坊。父乙鼎铭文记载了周王赏赐之事。111 号墓出土的 1 件铜钺铭文上有"太保"2 字，太保指的是周初曾经"省南国"的太保召公，《史记》记载"召公为保，周公为师，东伐淮夷"，这些都证明曾国与周王室关系紧密。

（四）解谜曾国

经过三个单元的展示，我们回答了什么是曾国、曾国是如何被发现的、曾国从何而来等一系列问题，相信观众已经对曾国有了初步的认识。但是曾侯乙之前的曾国历史有一个突出的特征，即在时间上的非连续性和在地域上的跳跃性。目前发现的曾国遗存主要可以分为三大块：首先是以随州叶家山墓地为主的西周早期曾国遗存；其次为以枣阳郭家庙墓地为中心、分布范围较广的西周晚期到春秋早期（即两周之际）的曾国遗存；最后是以随州义地岗墓地为中心的春秋中晚期遗存。这三大块遗存不仅在地理位置上变化较大，在年代系列上存在缺环，在文化特征上也各有鲜明之处。如果将其做成一个历史展，不仅缺环过多，无法完整串联起曾国历史，而且内容以时间为线索，平铺直叙，缺少对观众的吸引力。因此我们决定抛弃传统的通史类展览做法，继续从考古的角度切入，以考古发现为中心组织展览，在此基础上，展览最高潮的部分，也是"曾世家——考古揭秘的曾国"的最后一部分，通过翔实的考古学资料，向观众展示考古学家是如何通过一次次考古发掘，最终揭开曾国的神秘面纱的。

在三代曾侯之后，曾国似乎离开了叶家山墓地所在区域，这可能与周昭王南征失败有关。曾国重新出现在湖北地区，是在 200 多年后的西周晚期春秋早期。这一时期在湖北境内的枣阳郭家庙、京山苏家垄等地都发现了西周晚期至春秋早期的曾国遗存。曾国考古遗存的分布证明，西周晚期到春秋早期，曾国的疆域广大。枣阳郭家庙墓地和周边城址的出土文物反映出曾国有着强大的国力与发达的文化，其文化面貌和中原基本一致。这一时期的曾国恰与《左传》中"汉东之国随为大"的记载相符。

苏家垄遗址的年代晚于叶家山墓地，且出土了著名的九鼎七簋，自然成为本单元率先展示的重点。

苏家垄遗址群位于今湖北省荆门市京山市坪坝镇西侧，坐落于漳水北岸。遗址群可分为苏家垄遗址、苏家垄墓地（图 2-94）两部分。1966 年修建水渠时，发现了苏家垄墓地，出土了包括九鼎七簋在内的 97 件青铜器，鼎、壶等青铜器上有"曾侯仲子斿父""曾仲斿父"等铭文，这是湖北考古首次发现文献记载的 9 件列鼎，时代属于两周之际，引起了学术界的高度关注。

从 2015 年开始，考古工作者对这里进行了系统勘探与发掘，确认这是一处包括墓地、居址、冶炼作坊的曾国大型城邑，遗址时期为西周晚期至春秋早期。

传世春秋早期曾伯桼簋铭文中有"克逖淮夷，抑燮繁阳，金道锡行"的记载，繁阳是南方铜矿产地，"金道锡行"意思是金（铜）锡畅通无阻（图 2-95）。

考古工作者在苏家垄遗址发现了曾伯桼（79 号墓）及其夫人墓（88 号墓），夫人墓出土铜壶的铭文与传世的曾伯桼簋内容一致。苏家垄遗址还首次发现大规模曾国冶铜遗存，这些都证明了曾国战略位置关键，负有为中央王朝打通东南地区以保证铜料供应的重要使命。

从已有发掘成果来看，分布范围较广的西周晚期到春秋早期（即两周之际）的曾国遗存以枣阳郭家庙墓地为中心。

郭家庙墓地位于湖北省枣阳市吴店镇东赵湖村，分布在两个相对独立的山岗上，北岗为郭家庙墓区（图 2-96），南岗为曹门湾墓区（图 2-97），总面积达 120 万平方

图2-94 苏家垄墓地全景

图2-95　曾伯桼壶及其腹部铭文拓片

图2-96　郭家庙墓区北区全景（上）
图2-97　曹门湾墓区全景（下）

米以上。2002 年至 2003 年、2014 年至 2015 年，襄阳市文物考古队、湖北省考古研究所分两次对郭家庙墓地进行了发掘，一共发掘西周晚期到春秋早期的曾国墓葬 134 座，车马坑 3 座，车坑 3 座，马坑 3 座（表 2-8）。

表 2-8　郭家庙墓地（诸侯级墓主）

墓葬编号	墓主	对应夫人墓
郭家庙墓区 60 号墓		郭家庙墓区 50 号墓
郭家庙墓区 21 号墓	曾伯陭	
		郭家庙墓地 17 号墓
曹门湾墓区 1 号墓	曾侯绎伯	曹门湾墓区 2 号墓

注：空格表示考古中未发现。

郭家庙墓区 21 号墓出土的曾伯陭钺（图 2-98）器形完整，弧刃，身作卷云状，长骹中空，骹一侧中部有细长方形穿孔；长条形銎，銎横截面为方形，銎内残存木柲。钺体正反两面沿刃部铸有铭文："曾伯陭铸戚钺，用为民（以上正面）刑，非历殹刑，用为民政（以上背面）。"该墓早年被盗，本件为仅存的有铭文青铜器。台北故宫博物院藏有传世曾伯陭壶，与本件器主应为同一人。

图2-98　曾伯陭钺

郭家庙地区是西周晚期到春秋早期曾国的重要政治中心。郭家庙墓地所发现的高等级墓葬及车马坑中出土的大量文物证实，彼时的曾国是国力强盛、文化发达的大国，与诸多汉水、淮河流域诸侯国来往密切。

盟国之间常常通过婚姻加强相互之间的关系。贵族之间通婚常用青铜器作为陪嫁。这种陪嫁的青铜器称为媵器，"媵"是"送"的意思。媵器上的铭文往往标明了女子的国名、族姓。通过郭家庙出土的不少青铜器，能够推测出曾国与汉、淮流域的诸多国家有着通婚关系。

例如这件展出的 1972 年随州均川熊家湾出土的黄季嬴铜鼎（图2-99）。黄国为嬴姓诸侯国，位于今河南省潢川县附近。春秋时期，曾国与黄国关系密切。曾国墓地常出土黄国青铜器，本件可能是黄国陪嫁曾国的媵器。

春秋早期，楚国不断向随枣走廊和南阳盆地扩张，灭邓、申等国，威胁江、黄、弦、陈、蔡等淮河流域诸侯国（表2-9）。《左传》中说："周之子孙在汉川者，楚实尽之。"

《左传·桓公八年》："楚子合诸侯于沈鹿，黄随不会，使薳章让黄，楚子伐随，军于汉、淮之间。"公元前 704 年，楚武王在沈鹿（今湖北省钟祥市）与诸侯会盟。黄、随两国拒不参加。楚武王于是讨伐随国。

《左传·僖公五年》："楚斗谷于菟灭弦，弦子奔黄。于是江、黄、道、柏方睦于齐，皆弦姻也。"公元前 655 年，楚成王灭弦，弦国国君逃往黄国，江、黄、道、柏这些淮河流域的小国都与弦国通婚。

汉、淮诸侯国通过婚姻等关系结盟，共同对抗楚国。例如弦、黄、江等国互为姻亲。郭家庙墓地出土的青铜器铭文证明曾国与黄国通婚，与邓、弦等也有着深厚的关系。

图2-99　黄季嬴铜鼎及其铭文拓片

表 2-9　春秋前期楚国在汉水、淮河流域的扩张

国君	时间	事件
楚武王	公元前 706 年	伐随
	公元前 704 年	伐随
	公元前 703 年	伐邓
	公元前 690 年	伐随
楚文王	公元前 688 年	伐申
	约公元前 684 年	灭申，伐蔡
	公元前 680 年	伐蔡
	公元前 678 年	灭邓
	公元前 684 年	灭息
楚成王	公元前 655 年	灭弦
	公元前 648 年	灭黄
	公元前 646 年	灭英
	公元前 645 年	伐徐
	公元前 638 年	伐宋
	公元前 637 年	伐陈
	公元前 633 年	伐宋
	约公元前 633 至公元前 626 年	并柏、道、房
楚穆王	约公元前 623 年	灭江
	公元前 626 年	灭六、蓼、蒋
	公元前 615 年	伐群舒

图2-100　曾仲方座器

　　春秋中晚期之后，随着楚国的扩张，曾国的疆域集中到今随州市城区一带。楚墓出土的曾国青铜器、曾侯乙墓中的楚王熊章镈都证明此时的曾国已成为楚国的盟国。河南淅川和尚岭、徐家岭，上蔡郭庄，湖北襄阳梁家老坟等地的楚墓中出土了不少曾国青铜器。这证明春秋中晚期后，曾国与楚国有着密切的政治关系。

　　例如现藏于河南博物院的1990年淅川和尚岭2号墓出土的曾仲方座器（图2-100）。座顶四面各铸铭文2字，连读为："曾仲伯君腃之祖埶。"伯即文献中的楚国贵族鄬氏，本件为嫁到曾国的鄬氏女子所作之器。

　　"曾世家——考古揭秘的曾国"展览的魅力，就是可以突破时间的限制，将考古学家50年间曾国考古工作所获得的一片片有关曾国的拼图按照曾国历史发展的顺序重新排列，集50年成果于一身。2009年启动发掘的随州义地岗墓地的考古工作早于随州叶家山墓地（2011年），但其年代却比叶家山墓地要晚得多，为春秋中晚期遗存。站在今天的视角上，我们将随州义地岗墓地放在展览的最后讲述，以为观众呈现一个脉络清晰的曾国历史。

2009 年以来，考古学家在随州义地岗墓群的大规模考古工作发现了文峰塔、枣树林墓地等，为复原曾国历史提供了新的线索，证明了曾国即随国，揭示了曾国从"左右文武"到"左右楚王"的历史转变过程。

文峰塔墓地属于义地岗墓群，西距㴲水与涢水交汇处约 2900 米，南距涢水约 1400 米。2009 年以来，在此发现了曾侯與墓等曾国墓葬。2012 年 7 月至 2013 年 1 月，考古工作者又在此发掘了东周曾国墓葬 54 座，车马坑 2 座，马坑 1 座，出土文物 1000 余件（套），部分铜器有"曾""曾子""曾孙"等铭文，年代在春秋中晚期至战国中晚期。

2011 年，文峰塔 4 号墓出土了 1 件"穆穆曾侯"甬钟（图 2-101）。甬钟正反两面的钲部、左鼓和右鼓皆铸有铭文："……徇骄壮武，左右（以上背面右鼓）楚王，弗讨是许（以上背面钲部），穆曾侯，畏忌温（以上背面左鼓）恭，□□□□□（以上正面右鼓）命，以忧此鳏寡（以上正面钲部），绥怀彼无□，余（以上正面左鼓）……"语意未完，大意是曾侯辅佐楚王，敬畏天命，温和恭谦，优抚国中鳏寡孤独。从中可以看出，曾国已经是楚国的盟友。

破解曾国之谜最重要的证据是 2009 年出土于文峰塔 1 号墓的编钟，其器主曾侯與是春秋晚期的曾国国君，他的名字早先已见于曾侯乙尊盘。曾侯與编钟现存 8 件。其上的长篇钟铭叙述了曾侯與的祖先、曾国与周、楚的关系，揭开了曾国的族姓和历史的谜团，证明曾国就是随国，都是姬姓国。曾楚两国的密切关系，也可以解释为何曾侯乙去世时楚惠王会专门为其制造镈钟助葬。

那么我们是如何通过曾侯與甬钟叙述曾国的历史呢？

曾国是周人祖先稷的后代，始封国君是南宫适，也就是叶家山 111 号墓出土的南公铜簋铭文中曾侯犺的父亲。曾国国君的祖先因为协助周文王、周武王伐殷有功，被分封到江汉地区，任务是镇抚淮夷。淮夷是聚居在江淮地区的部

图2-101　"穆穆曾侯"甬钟及其铭文拓片

族集团。为控制南方的资源，西周王朝与淮夷发生过多次激烈的战争。春秋中晚期，周王室衰微，曾国与此时国力上升的楚国结盟。公元前506年，吴国军队攻破了楚郢都。在这次战争中，曾国和楚国共同抵御了吴国，并协助楚昭王复国。这正好能与南公铜簋铭文及《左传》的记载吻合。

《左传》记载，吴王阖闾联合蔡、唐两国军队攻伐楚国。吴师大败楚军，并乘胜攻占楚郢都，楚昭王亡命于云梦、郧等地，最后逃奔至随国。吴国要求随国交出楚王。随人表示，随虽然弱小，但与楚国世代结为盟国，不能叛楚，因此拒不从命，庇护了楚昭王。后来，楚大臣申包胥到秦国乞师求救，秦出兵大败吴师，迫使吴王阖闾撤兵，楚昭王得以返郢复国。

曾侯與甬钟（图2-102）上的长篇铭文，与文献互证，揭开了曾国之谜。钟铭记载，曾侯與的祖先为周人始祖后稷，因此曾国与周王室同为姬姓；文献记载，随国为姬姓。两国族姓相同。钟铭记载，在吴楚战争中，曾国为楚国的盟国，协助楚王复国；文献记载，随国作为楚的盟国，在此次战争中庇护了楚昭王。两国史实相同。结合叶家山、郭家庙等考古发现，曾国与随国在存续时间、地理位置上重合，因此曾国即随国。

曾侯乙墓出土文物表明，战国早期的曾国仍然具有相当国力。目前已发现的晚于曾侯乙墓的曾国国君级别的墓葬有擂鼓墩2号墓和文峰塔18号墓，显示出曾侯乙之后的曾国国力已经衰落，但曾国国祚仍维持了近百年。

文峰塔18号墓的墓主为曾侯丙，其年代略晚于曾侯乙墓。墓坑平面呈亚字形，墓坑南部有一长方形阶梯墓道，残长6.6米，共有15级阶梯。墓口长约16.6米，宽约15.6米，深约9.0米，墓坑四周设有三级台阶（图2-103）。葬具为木质一椁三棺。椁室呈中字形，分东、南、西、北、中五室。仅东室未被盗掘，出土有70余件铜器。在其亚字形的东、西、北三面还各有一个方形附坑，这一墓葬形制为过去所不见。

图2-102　2号曾侯與甬钟

图2-103 文峰塔18号墓墓扩及墓道

图2-104　错金云纹鉴缶

　　曾侯丙墓出土了不少精美的青铜器，例如错金云纹鉴缶（图2-104），其由鉴、缶2件器物组成，有冰酒、温酒的双重作用。4只龙形爬兽攀附于圆鉴上。器身满饰错金三角勾连云纹，并镶嵌绿松石，装饰风格繁缛。鉴盖附2个提环，饰镂空蟠螭纹。缶放置于鉴内正中，器身满布错金三角勾连云纹，镶嵌的绿松石多已脱落。缶盖有一盘形捉手，器身两侧设铺首衔环。本件器物装饰精美，扣合严密，体现了战国时期高度发达的青铜器铸造、装饰工艺水平。

　　汉东东路墓地与枣树林墓地、文峰塔墓地同属于义地岗墓群，2017年以来，这里的曾国考古工作取得了重大进展。

　　2017年至2018年，湖北省文物考古研究所在汉东东路墓地发掘春秋时期墓葬32座，马坑2座，出土青铜礼器400余件，其中有铭文铜器达140余件，铭文有"曾公""曾侯""曾叔孙""曾叔子"等。其中，129号墓出土了"曾公"铭文编钟一套20件（镈钟4件，甬钟16件），编磬2套，墓主为春秋中期曾国国君曾侯得（图2-105）。

图2-105　汉东东路墓地129号墓出土曾侯得编钟

汉东东路墓地的发掘成果填补了春秋中期曾侯世系的空白，为研究曾国宗法制度提供了新材料。

2018年至2019年，湖北省文物考古研究所在枣树林墓地发掘土坑墓54座，马坑、车马坑7座，发现了曾公畔及其夫人渔、曾侯宝及其夫人芈加墓（表2-10、图2-106）。

表2-10　枣树林墓地曾侯及夫人墓

曾侯墓编号	墓主	夫人墓编号	墓主
168号	曾侯宝	169号	芈加
190号	曾公畔	191号	渔

墓地发现铜礼乐器铭文6000余字，是迄今考古发现数量最大的一批金文资料，其中曾公畔单件镈钟铭文达312字，为春秋时期单件铭文最长的铜器。这些铭文内容与叶家山墓地南公铜簋、文峰塔墓地曾侯與甬钟、苏家垄墓地曾伯桼铜器铭文相印证，再一次证明曾国为西周早期南公的封国，负有镇服淮夷、经略江汉和控制铜矿资源的使命，为周王朝对南方的开发和经营提供了确凿的考古新材料，为研究"金道锡行"等重大学术问题提供了新线索。

图2-106 枣树林墓地190
号墓（曾公畎墓）椁室

　　2013年湖北省博物馆入藏的随仲芈加鼎（图2-107），铭文为"唯王正月初吉丁亥，
楚王媵随仲芈加食繁。其眉寿无期，子孙永宝用之"。其中，"随"为夫家国名，
"芈"是父家楚国族姓，"仲"是排行，"加"为其名，说明它是楚王为嫁入随国
的芈姓女子制作的嫁妆，也是罕见的"随"字铭文铜器，但由于它并非科学考古发
掘出土，对铭文中的"随"与"曾"是否为同一国家，学界仍有争议。

　　2019年发掘的枣树林墓地169号墓出土青铜器铭文证明其墓主正是随仲芈加，
而其丈夫则是168号墓墓主曾国国君曾侯宝，这是曾、随一国的确证。结合叶家山
南公铜簠、曾侯與甬钟铭文等出土文献，困扰学界40多年的曾随之谜彻底解开。

　　在考古工作者长期的不懈努力之下，丰富而精美的出土文物证明曾国是西周早
期周王室分封至江汉地区的重要诸侯国，始祖为南公，可与齐、晋、鲁等大国并列
于《史记》中的"世家"，与文献中的随国为一国两名。曾国立国700余年，经历
了从王室藩屏到楚国盟友的转变过程，有着深厚的文明积淀，是先秦时期长江中游

图2-107　随仲芈加鼎及其盖内铭文拓片

地区文化发展和融合的见证。正是在这种文化积累下，曾侯乙时代的曾国才能集商周文化之大成，成为中国古代礼乐文明的代表。观众通过两个相关但各有侧重的展览，能够系统、直观地了解曾国这一中国考古学史上序列最完整、遗存最丰富的周代诸侯国。

金聲玉振

Sound from
Bronze Bells and
Stone Chimes

　　从 1978 年湖北省博物馆等多家单位联合发掘曾国开始，湖北省博物馆对曾侯乙墓的研究和探索就从未停止。1979 年、1985 年、1999 年、2007 年，湖北省博物馆多次对曾侯乙主题展览进行陈列提升，不断融入新的研究视角，探索新技术、新材料、新方法的运用，寻求更为恰当的展览语境，以为观众解读曾侯乙的世界。曾侯乙主题展览的不断重新策划，并非简单的"换汤不换药""新瓶装老酒"，而是一代又一代的博物馆人将曾侯乙墓与曾侯乙编钟的研究成果注入展览中的完美体现。如何让观众熟知的"老展览"通过改陈重新焕发生机，让观众通过观展与文物达到情感共鸣，成为摆在湖北省博物馆面前的难题，也是不断提升展览陈列的水平的关键所在。

　　2011 年，湖北省博物馆新馆开始施工建设，策划打造全新的基本陈列成为新馆建设中最核心的任务。曾侯乙主题展览是湖北省博物馆最重要、最具知名度的展览。在长达 40 多年的展览中，编钟早已成为湖北省博物馆的象征和符号，如何利用全新的语言和艺术形式将这一中国先秦礼乐文明代表在新馆中呈现，如何将学界关于曾侯乙乃至曾国考古的新发现、新认识全面而通俗地讲述给观众是新馆展览的重中之重，也是我们对"曾侯乙展"及其他相关展览进行策划和落实的思考核心。

一、主题策划——展览的开始

　　湖北省博物馆的曾侯乙主题展览自 20 世纪 80 年代开始，历经 8 版，可以说历任湖北省博物馆人都对于曾侯乙主题展览投入了热情和心血。曾侯乙墓出土文物研究也是湖北省博物馆的主要任务之一。只有在深入研究、掌握学界最新认识的基础上，才能够将曾侯乙主题展览和阐释推向新的阶段。

　　湖北省博物馆曾成立音乐文物研究室，积累了湖北乃至全国的音乐考古文物资料，音乐文物研究室后并入陈列部，相关研究人员从事音乐文物的研究，对全国不少编钟等乐器进行过测音分析。以曾侯乙编钟研究为契机，湖北省博物馆成为中国博物馆协会乐器专业委员会主任委员单位，并和中国科学院自然科学史研究所、中国艺术研究院音乐研究所合作成立了编钟研究院，与德国考古研究院共同召开国际音乐考古年会，推动编钟研究的国际合作。

　　长期以来，湖北省博物馆的展览工作以陈列部为主，其负责内容策划、大纲撰写等展览流程；保管部负责保管文物；文保部则负责文物的保养、维护、修复和展厅的预防性保护；社教部负责教育、讲解和宣传。在展览的策划和实施阶段，陈列部承担主要工作。陈列部既有历史学、考古学、古文字学背景的研究者，也有长期从事展览设计的工作人员。自 2007 年免费开放以来，湖北省博物馆的特展基本由陈列部实施，此前历版的曾侯乙主题展览，内容策划与形式设计也主要由陈列部负责。在此过程中，陈列部熟悉了相关文物的现状和展览制作的规律流程，这些为新的曾侯乙主题展览奠定了基础，提供了实践经验。

　　新馆成立了陈列布展工作实施小组，由方勤馆长任组长，万全文书记任副组长，具体负责展览的实施和现场施工。陈列部分为内容设计与形式现场两个小组。展览的具体工作即由两个小组合作开展，并得到保管部、文保部、社教部的大力配合，共同组成了湖北省博物馆"曾侯乙展"团队。

博物馆展览是在空间中对文物进行阐释的过程，要将已经成熟的展览主题讲出新意，必须重新梳理之前的曾侯乙主题展览，找出在内容和形式上的长处与遗憾，在新的展览中加以吸收和弥补。

在主持过 2007 年版"曾侯乙墓基本陈列"的专家带领下，我们总结了之前展览的特点，其总体思路是：营建曾侯的墓葬氛围，展现古代的科学技术，凸显南方的艺术特点，突出先秦的音乐成就。曾国之谜是当时观众关心的话题和学界讨论的热点，因此设置"曾国之谜"单元，以展示曾国青铜器发展脉络的方式揭示曾国之谜。

我们认为之前的"曾侯乙墓基本陈列"正如其题目所揭示的，将墓葬作为展览的中心主题。展览的结构框架基本上是按照考古报告的器物材质分类，进行比较平面化的叙述，包括"曾国之谜""墓主与年代""青铜礼器""乐器""漆木器""金玉器"等部分，是一种以物为中心的阐释模式。展览语言更接近考古成果的展览，为观众比较完整地、分门别类地介绍了考古出土的文物。在内容阐释上，展览根据当时的考古发现和学术认识，对曾国之谜做了初步的讲述。展览在内容上"凸显南方的艺术特点"，主要是将曾国的艺术置于南方楚国艺术脉络之中，作为南方文化的范例加以传播。

出于以下几个方面的考量，我们认为新馆的展览需要在策展思路上进行转换。

首先，近年来，湖北曾国的考古成果令人应接不暇，曾国之谜已经基本破解，而这个故事线索繁多，涉及的考古出土文物、遗址、成果繁多，我们无法在"曾侯乙展"这个空间中为观众详细解读。

其次，随着近年来考古认识的深化，曾国文化，尤其是作为其代表的曾侯乙编钟置于宗周礼乐文明的脉络中才能得到准确阐释。因为曾侯乙墓出土文物与楚墓文物有着不少文化性质上的差异，将曾侯乙文物作为南方楚国文物的范例，不能准确反映曾侯乙墓文物的文化属性及其在考古、音乐、文化研究上的重要意义。

　　最后，给我们重要启示的是 1997 年湖北省博物馆曾在美国亚瑟·萨克勒美术馆举办的曾侯乙音乐文物特展。曾侯乙在国内闻名遐迩，但美国普通观众并不了解、熟悉。如何简洁明确地点明曾侯乙文物的时代和精神特质，吸引观众？当时策划展览的苏芳淑和冯光生两位老师选用了"孔子时代的音乐"（*Music in the Age of Confucius*）这一响亮的名字。孔子是中国三代礼乐文化的集大成者，用孔子代表中国可谓恰如其分。孔子去世于公元前 479 年，而从曾侯乙编钟中的镈钟铭文可知，曾侯乙墓年代的上限是战国早期公元前 433 年，两者相距 50 年左右。曾侯乙墓出土的不少文物的铸造年代都可上溯至春秋晚期。在世界范围内，这个时代是理性精神的觉醒期，中国正处于百家争鸣的时期。曾侯乙编钟的制作思想和技术准备当然还要更早。曾侯乙墓出土的文物的工艺、设计背景知识都是在春秋中晚期百家争鸣的时代中形成的，因此与孔子共享同一套知识话语和文化传统。

　　受到"孔子时代的音乐"的启发，我们重新从中国礼乐文化的角度审视曾侯乙墓出土文物。其中，特别是曾侯乙编钟，应该作为中国公元前 5 世纪中国礼乐文化顶峰的代表。从公元前 5 世纪的世界文明史来看，没有哪一个古代文明有如此皇皇巨制的青铜乐器，也没有哪一个古代文明的一件乐器能够像曾侯乙编钟那样清楚地反映该文明的时代文化特征；从中国文明的发展史来看，没有哪一件文物能够像曾侯乙编钟这样包含了如此丰富的礼乐文化，也没有哪一件文物凝聚了如此众多的科学技术；从人类文明的发展史来看，没有哪一件文物能够像曾侯乙编钟这样反映了当时人类文明的诸多成就，也没有哪一件文物的发现从此改写了区域文明的发展史。曾侯乙编钟不是一套单纯的古代礼乐器，而是公元前 5 世纪中国文明的一个璀璨的缩影，是先秦社会的文化符号。

　　周代以降，礼乐制度成为国家政治生活的重要内容。这是因为，礼乐相辅为用，具有为统治者政治服务的特点。礼可以"经国家，定社稷，序民人，利后嗣"（《左传·隐公十一年》），它从外在、客观、强制等方面来规定臣民的等级名分；乐则从内在、主观、自然等方面来教化臣民，使之服从于宗法制度的等级规范。"礼节民心，乐和民声，政以行之，刑以防之。礼、乐、刑、政，四达而不悖，则王道备矣。"（《礼记·乐记》）正由于此，周代及其后各诸侯国的统治者都极其重视礼教和乐教，将其视为与刑法、军政同等重要的大事。

孔子曰："礼云礼云，玉帛云乎哉？乐云乐云，钟鼓云乎哉？"（《论语·阳货》）礼乐脱胎于巫，孔子的看法实际上也是当时社会精英阶层比较普遍的看法，因为在周代，玉帛钟鼓不是简单地代表财富和音乐，而是国家礼仪的象征。这是两河流域、古埃及、古印度以及古希腊诸文明都没有的特点。

借助雅斯贝斯的说法可以发现，前轴心时代的社会是按照"神圣"所建立的秩序来运行的，一切思想、制度、技术和文化（包括音乐）都在宗教的形式下得到表现。在突破或者说超越发生之后，宗教权威受到了质疑。在中国，它就表现为"礼崩乐坏"。上古时期，中国虽无西方语义上的宗教，但是宗教的社会功能是由礼乐制度来担当的。在礼乐制度下，祭祀行为象征的是权力、财富和政治合法性。张光直指出，礼乐制度的这种象征意义背后，是对财富的炫耀及对社会和技术的控制。曾侯乙墓就是其例。礼乐制度的盛衰会影响与之配套的文化和技术。

中国青铜文化在公元前 5 世纪达到顶峰，正好是"礼崩乐坏"和百家争鸣的时代，它是文化突破的必然。中国古代轴心文明突破的文化背景就是"礼崩乐坏"。孔子的"仁"、道家的"道"和墨子的"非乐"，都意在摆脱古代礼乐传统中"巫"的主导因素。只有在中国文明当中，轴心的突破影响了制度和技术的变化，曾侯乙墓出土文物这类礼乐制度象征物的出现正好就是轴心突破之后百家争鸣时代的必然结果。曾侯乙编钟本身由多套编钟组合而成，又融汇了多个诸侯国的音律体系，在文化层面反映的是音乐的多元化，已不再是纯粹的宗庙礼乐器，这似乎都在印证先秦诸子对传统礼乐制度的批评。而皇皇巨制的曾侯乙编钟后无来者，在技术层面反映的却是公元前 5 世纪的社会由身份性炫耀向技术性炫耀的转变，其成为礼乐制度的盛极而衰的一个转折点。春秋战国之世的所谓"礼崩乐坏"，也只是随着统治阶级内部关系发生变化出现的某些僭越现象，它的整个框架及其对社会尊卑等级秩序的规范作用依然存在。

　　曾侯乙墓是难得一见的大墓，其葬制遵从周礼，体现了曾侯乙作为诸侯国君主的身份。墓中随葬编钟、编磬等大批乐器，特别是钟磬的悬挂气势，巍峨壮观，令人叹为观止。这其实也是礼制使然。

　　基于一系列的分析与考量，我们初步确定将"曾侯乙展"作为阐释中国先秦礼乐制度的代表加以展示，以曾侯乙贵族仪式生活的不同侧面划分单元，侧重阐释文物在仪式活动中的功能和组合，突出中国先民在青铜铸造、音乐、天文历法方面的成就。通过对藏品的重新梳理，我们对展览内容大纲进行重新划分与编撰，将 2007 年版 8 个单元整合为前言与 6 个单元，依次为"敬天崇祖""金声玉振""所尚若陈""民祀唯房""车马仪仗""永持用享"，分别从天文历法、音乐艺术、青铜铸造等方面，叙述曾侯乙丰富的精神世界。

二、展品选择——曾侯乙的解构与建构

　　在研究的基础上选择展出文物是展览的第一步。文物脱离原有语境进入博物馆成为藏品，进而离开库房、进入展厅变为展品，其本身经历了解构再建构的过程。曾侯乙墓发现以来，文物经过多次整理，虽然在历年展览中，精品文物均已经得到

长期展示，但受制于当时的保护条件和水平，仍有部分文物长期没有得到展出。此前曾侯乙主题展览的展厅面积一般在 2000 平方米左右，曾侯乙编钟等特大文物占空间较多，新的展览面积拓展至近 3800 平方米，可以展示更多有价值的文物。策展团队在保管部的帮助下，一一查看现存全部曾侯乙墓出土文物，列出清单，并经文物保护部门专业人员查看现状。针对需要展出，而又残损较为严重的文物，我们也请文保专家制定计划，进行修复。

在以往的展览中，曾侯乙玉器往往只展出了玉质较好、工艺较为精美的部分。经查阅报告，这部分玉器大部分出土于曾侯乙内棺之中，可能更多是其生前实际佩戴过的玉器。而在陪葬棺和内外棺之间，还出土了大量玉器，这些玉器制作多较粗糙，甚至为石料，它们或体现了曾侯乙本人与陪葬女性在身份等级上的巨大差异，或覆盖在内棺上用于殓葬，是东周时期葬制的表现。这些玉器虽然在工艺、艺术性上并无特殊之处，但是对于说明当时的礼制具有很高的价值。因此在本次展览中较多地补充了这一部分文物。

增加的重要文物还包括曾侯乙编钟钟架的原件，古人称之为"筍虡"。由于展览面积扩大，也为巨型钟架的展示提供了机会。曾侯乙墓为饱水墓葬，其文物保存完好的一个重要的原因是长期浸泡在地下水中。曾侯乙编钟出土时，钟架还完整无缺，编钟仍悬挂于钟架之上。钟架出土之后，需要经过漫长的脱水保护过程，因此在展示时编钟都悬挂在复制钟架上。观众在参观的过程中常常会产生疑问，询问编钟架是否为原件。2017 年，编钟钟架经过 30 多年的脱水，达到了展出的条件。我们挑选了编钟短架横梁展出，其上的纹饰、标音文字清晰可见，能够比较圆满地解答观众的疑问。

曾国是宗周文化在长江流域的代表。曾侯乙墓的年代正值战国早期，发掘前基本未经扰动，完好保存了春秋晚期到战国早期诸侯国君的随葬成套青铜器（图3-1、图3-2）。各种礼乐器以九鼎八簋为中心，钟、磬共列一室，组合明确清晰，是当时礼乐制度、青铜礼器使用情况的生动例证。因此我们在策划时，确定"曾

图3-1　曾侯乙墓青铜礼器出土场面（上）
图3-2　铜九鼎八簋出土场景（下）

侯乙展"以周代礼乐文明为主题，以考古出土的实物展示中国先秦恢宏的礼乐仪式，反映贵族的精神世界。对于文物的阐释，要重点突出其在礼乐制度下的功能，在展示其仪式性使用的基础上，再来展示其高超的艺术和科技水准。

因此我们在设计单元结构时，不再简单仅仅依照器物类别、形制，而是更加注重在语境中对器物进行分组和阐释。例如在过去的展览中，往往将平底束腰的升鼎、牛钮盖鼎、各种环钮盖鼎置于一组，仅仅介绍其形制的区别。我们此次对鼎做出了区分。

在周代礼乐制度中，鼎制（用鼎数量）和乐悬制度（钟磬布局）是身份等级的标志。鼎制是指用形制与纹饰相同、大小相同或递减的鼎标示贵族的等级。曾侯乙墓出土的这9件铜鼎在青铜器铭文中称为"升鼎"，用于盛放煮好的祭肉，它们平底、束腰，这种造型的鼎多见于楚国，因此曾经被称为"楚式鼎"。实际上通过最新的考古发现，我们知道西周晚期到春秋早期的曾国已经出现这种鼎。而铜簋采用了西周时期比较流行的方座，这说明曾侯乙的九鼎八簋采用了复古的造型。曾国用这套复古风格的礼器，作为曾侯乙身份的象征。

曾侯乙墓出土的5件牛形钮盖鼎与4件铜簋位置靠近，属五鼎四簋的组合。它们的形制都是春秋晚期流行的风格，属于不同于九鼎八簋的另一套组合，我们此次将分别展示两套食器。

镬鼎是古代贵族在祭祀、宴飨等重大礼仪活动中煮牲肉的鼎。出土时，口沿上有竹篾片编制的鼎盖，鼎腹底有烟炱痕迹，鼎钩挂于鼎耳，配有长柄匕。古人会将牛分解成一半，放入镬鼎中烹煮，这就叫作"解体"。曾侯乙墓中放置了2件大镬鼎，这可能是受楚国用鼎习俗影响。春秋晚期到战国时期的楚国高等级贵族，除了用奇数的升鼎外，常使用偶数的镬鼎。

铜炭炉、箕和漏铲出土时与铜镬鼎摆放在一起（图3-3），可能用于盛放烹煮食物所用的木炭。以前的曾侯乙主题展览多将其作为日常生活用具展出，我们这次特别将其作为礼器组合的一部分展出。而食具盒内的兽形钮盖鼎当属于

图3-3　铜镬鼎及铜炭炉、箅和漏铲出土情况

日用器，不是礼器，我们将其置于"肆筵设席"部分，与其他日用器物组合展示。

"国之大事，在祀与戎。"为了使观众更加形象地了解诸侯祭祀的仪节和其中鼎、簋的使用方法，我们在展厅中设计了诸侯祭祀的动画。主要依据《仪礼·特牲馈食礼》《仪礼·少牢馈食礼》记载的东周士和大夫四时祭祖的仪节，结合同时代的《诗经》《礼记》等文献，大致复原当时诸侯的祭祖仪式。其主要仪节包括如下部分。

筮日、筮尸、宿尸、宿诸官、宿宾

在祭前十日，先要占筮。如果得到的是吉卦，则于十日后祭祀；如果不吉，再占筮原定祭日十天后的那一天。

祭礼前一天的早上要筮尸。所谓尸，是代替祭祀对象受祭的人，一般从祭祀对象的孙辈中选择，如果受祭者是女性，就从孙辈媳妇中选。选定尸后，要前往尸家通知他。这一天还要提醒相关人员，明日按时参加祭祀活动。

同日还有宿宾活动。作为礼仪活动的参与者和见证者，宾是重要的角色。宾包括多人，从中选一人为宾长，宾长受到特别优遇。

视杀、视濯

祭祀当天，有专人负责宰杀祭牲，国君在旁监看（视杀），以确定宰杀的动物都是健康完整的。另据文献，国君可能还要亲自宰杀牲，并取一些血和毛盛放在豆内献于室内神位，向神报告牲毛色纯正。之后还要监看洗刷鼎、俎、笾、豆、觚、爵、簠等用器（视濯）。

割牲、烹煮及实鼎、馔器

诸侯的祭祀用牲，主要有牛、羊、豕、鱼、腊等。腊即田猎野兽制成的干肉。曾侯乙墓出土的鼎内，还发现有鸡骨残留。

牲肉经过切割处理（割牲）后，被放到镬鼎内烹煮。诸侯祭祀所用镬鼎，当为 5 件，分别盛放牛、羊、豕、鱼、腊。牲肉煮熟后，在镬鼎旁陈放 7 件升鼎，将肉从镬鼎装到升鼎中。其中的牛、羊、豕主要选取“右胖（pàn）”，即牲体右半侧特定部位的骨肉。腊则左右胖皆用。鱼一般是 15 条。牛、羊的肠胃和猪的皮肤从镬鼎捞出后，单独盛放在 2 件升鼎内。因此，7 件升鼎分别盛放牛、羊、豕、鱼、腊、肠胃、肤。将镬鼎内的牲肉移到升鼎内的过程，叫作“升”。

盛牲肉于升鼎后，鼎上用鼏即茅草覆盖好，由北向南陈列。司官将甒、罍、簠、笾豆、盘匜等安置到规定的位置。

设几席、载俎

在室内西南角即奥布好席，并在席上右端设几。席和几是供祭祀对象安坐和倚靠的。升鼎也被陈放在庭东，上面有匕，俎在鼎的西边。

之后宾与国君等都在洗前盥手，长宾用杜即长叉分别将鼎内牲肉放到对应的俎上。这个过程称为"载"。

阴厌

国君夫人等将韭菹、醓醢等调味品放在席前。佐食和夫人等又分别将俎与敦置于席前，敦当是6件，分别盛有黍和稷。祝酌酒放在席前，佐食把敦盖打开。然后，国君对着筵席行礼，祝同时念祝词。因为祭祀的地点在室内西南隅幽暗之处，所以被称为"阴厌"。"厌"意即饱、满足，指供酒食使神饱食。

迎尸、妥尸

阴厌设好后，祝到庙门外迎尸。尸入门盥手后，由西阶升堂进入室内，祝跟在尸后。国君从阼阶升堂，并跟在祝后进入室内。尸走到席上，祝和国君向尸行礼请尸安坐，尸答拜后坐下。这一仪节被称为"妥尸"。"妥"就是安坐的意思，"妥尸"即使尸安坐。

正祭

上佐食协助尸以黍稷、切肺等祭祀。国君、夫人、宾长等人劝尸进食、饮酒，尸向主人告饱，祝和国君等分别劝尸进食，尸多次进食后告饱，至此，正祭结束。

此后，还有国君、夫人、宾长向尸献酒等仪节，被称作"酳尸"。酳尸结束后，祝说"利成"，即礼毕。尸起身出庙门。祭祀的主要仪节完成。

按照文献的记载，馈食之前，还有裸献之礼，即国君以圭瓒等酒器酌郁鬯酒献尸等仪节。在祭祀的过程中，还要奏乐配合仪礼活动的进行。因此，音乐也是礼的体现。

　　先秦以金（青铜）、石、木、皮、陶、竹、丝、匏制作乐器，构成了所谓的"八音"。文献记载周公制礼作乐，乐器成为贵族身份等级的标志。周代之乐与政相通，不是单纯的音乐。乐器也属礼器，乐器中最重要的是编钟。钟与磬、鼓构成组合，在祭祀的场合使用。《诗经·执竞》云："钟鼓锽锽，磬筦将将。降福穰穰，降福简简。"

　　等级社会中，青铜钟的使用有严格的规定，贵族按照身份等级使用乐器。编钟乐制的制定由天子控制，如《左传·昭公二十一年》云："夫乐，天子之职也。夫音，乐之舆也；而钟，音之器也。"不同身份地位人群可使用编钟的组合数目也是不同的。据《礼书》记载，编钟、编磬乐器的悬挂，天子为四面（宫悬），诸侯为三面（轩悬），大夫为两面（判悬），士一为面（特悬）。

　　我们在展厅中以王国维《解乐次》复原了诸侯燕礼用乐，为观众介绍曾侯乙墓出土乐器的使用场合以及演奏的乐曲：

　　国君降阶迎宾时，金奏（用钟镈奏乐）《肆夏》。升堂时，再金奏《肆夏》。正式宴会时，堂上乐工在瑟的伴奏下，升歌（鼓瑟歌诗）《鹿鸣》《四牡》《皇皇者华》。演唱完毕，主人向乐工献酒。吹笙者站在钟磬之间，笙奏（堂下吹笙，无歌唱）《南陔》《白华》《华黍》等，吹奏完毕，主人向吹笙者献酒。此后，堂上堂下间歌（升歌笙奏交替进行）：堂上升歌《鱼丽》，堂下笙奏《由庚》；堂上升歌《南有嘉鱼》，堂下笙奏《崇丘》；堂上升歌《南山有台》，堂下笙奏《由仪》。最后合歌《关雎》《葛覃》《卷耳》《鹊巢》《采蘩》《采蘋》。最后宾主相互敬酒。宴会结束，乐工金奏《陔夏》。

　　针对食器、乐器，我们还介绍了其在礼仪活动中的功能。在整体内容设计上，我们用礼乐来统摄整个展览。例如我们用第三单元"民祀唯房"勾连整个一层、二层的空间。观众看完宏伟的曾侯乙编钟，了解了规模庞大的乐器组合，特别是以琴、瑟为代表的房中乐乐器组合后，将看到 2 件反映古人对于天文认识的衣箱。衣箱上记载的天象是诸侯国国君重视农业生产的反映，其具体体现的正是"籍田礼"。出土于曾侯乙墓东室的衣箱上的铭文表明它们用于祭祀，正与东室的琴、瑟相互呼应，衣箱上"所尚若陈，琴瑟常和"的文字正与房中乐形成了完美呼应。

三、经费招标——兵马未动，粮草先行

（一）展览经费

　　湖北省博物馆新馆于 2011 年开工建设。根据湖北省政府相关决定，新馆建设工程由省发改委立项，所需资金由省财政厅专项追加，并由省发改委根据项目建设进度安排。建设完成后陈列布展资金由省财政厅负责安排。2016 年起，我们与省财政厅反复沟通，前往南京、上海等地的兄弟博物馆考察，了解其他省级博物馆展览经费的标准，根据财政部办公厅 2017 年下发的《陈列展览项目支出预算方案编制规范和预算编制标准试行办法》，申报新馆展览经费 38290 万元。2017 年 8 月 30 日，省政府召开专题会议，听取省博物馆三期新馆工程建设情况和陈列布展方案汇报，研究省博物馆新馆建设工作，同意展览经费按 3.8 亿元总量控制，并启动陈列布展招标工作。

　　博物馆陈列布展集专业性、艺术性、技术性于一体，布展工程具有建筑方案多样，通风空调标准要求高，安保、监控、计算机信息管理技术性强，造价投资大的特点。工程概算主要包括展厅内部设计及装修费、展柜展具费、灯光照明及设备安

装费和其他相关专项费用等。伴随着全国各地博物馆新馆的建设热潮，展览陈列艺术水准不断提升，新技术新理念不断运用，制作经费也不断提升。湖北省博物馆新馆的陈列布展经费大致分为以下几个方面。

一是陈列布展经费，即直接用于展厅内部设计和装修施工的费用。布展费用与展厅文物的属性、体积、陈列方式有很大关系，根据展出的文物性质、陈列主题的不同，布展经费标准有所不同。由于"曾侯乙展"中曾侯乙主棺、曾侯乙编钟体量巨大，需要特殊保护，总预算资金 7550 万元。

二是文物修复、清洗、拓裱费。根据展览要求，对文物进行不同程度的修复、清洗和拓裱。

三是影像资料、图片拍摄、绘制及使用费。文字、图片是新馆展览的重要组成部分，新馆展览急需大量配合展品展示的文字、图片。展览中凡使用有版权的图片资料，需支付版权所有者费用。此外，还可能需要组织人员赴各地考察，并拍摄图片资料。

四是语音导览设备费。语音导览设备是博物馆展览中必不可少的。由于导览器信号发射节点的布控必须根据展出文物和展柜的位置确定，因此语音导览设备的设计和安装必须与展览的布展施工同步进行。

五是文物搬运费。大批量文物将从库房及原场馆搬迁至新馆布展，包括青铜器、漆器、玉器等。为保证文物安全，分清责任，需由专业文物运输公司承担搬运任务，并购买保险。

六是文物征集费。展览根据需要，可能需要向各地博物馆及社会各界征集大批文物，以弥补文物展品的不足。

七是智慧博物馆及数字博物馆费。其中包括数字化观众管理分析系统、馆藏文物三维数字化采集建库、博物馆展厅建筑智能化弱电系统建设、多媒体数字展厅及设备采购、数字化保护应用总线系统、博物馆数字资源管理系统等建设的相关费用。

八是不可预见费。由于新馆展览制作周期长，过程复杂，文物展品获取难度大，文物征集、复制、借展、清洗及拓裱费用较高，同时考虑布展材料价格、施工成本浮动等原因，因此需要预列部分费用。

（二）项目招标

湖北省博物馆新馆展览采用了目前博物馆展览较为主流的设计施工一体化招标。为了使得投标人更加准确地理解策展人员对于展览的总体设想、展览定位，精确地测算费用，展览的策划人员在发布招标文件之前，对展览文本进行了进一步细化，落实了每件展出文物的照片、尺寸，对于一些特殊的要求，专门在文本中撰写了提示性话语。例如对于"曾侯乙展"，我们要求将主棺内、外棺置于指定的位置，而且要求避开主展线。曾侯乙尊盘、鉴缶、鹿角立鹤等核心展品，必须使用独立柜展出。在展览文本最后，我们还专门列出了重点展项，尤其是多媒体展项的清单，提出了每个展项某些核心技术参数的需求。通过这种方式，使投标公司能够对博物馆展览内容把握得更加准确，也便于计算价格。更重要的是，以展项要求明确细致的展览文本作为招标文件的附件，能够在招标阶段就将展览的众多基本需求明确化，在深化设计和实施阶段，乙方展览公司必须满足这些要求，保证展览的水平能够达到博物馆的要求，在今后的工作中免于失控，一定程度上规避了设计施工一体化招标带来的管理和协调问题。

经与省财政厅政府采购管理处沟通确认，展览使用财政性资金，项目根据财政部《政府采购品目分类目录（试用）》属于 C0602 "展览服务"，按照服务类委托代理公司进行公开招标，受省财政厅政府采购管理处监管。招标适用的预算标准为财政部《陈列展览项目支出预算方案编制规范和预算编制标准试行办法》，陈列展览项目预算由基础装修费、陈列布展费、专业灯光购置费、多媒体系统工程费、其他费用等组成，基础装修费用不超过总经费预算的30%，深化设计、展柜、灯光、多媒体、布展等均为服务内容。

为确保展览品质与文物安全，招标文件参照了博物馆行业标准及近年来其他博物馆的成功经验，对展柜（柜体、玻璃、灯具、五金件、锁具、密封条、恒温恒湿系统及兼容性、环保等）、照明系统、多媒体等硬件设施设备提出了明确、系统、高质量的要求，采用安全可靠、效果优良的展柜、照明及多媒体设备，尤其是超白低反射夹胶玻璃的使用，既保证了文物安全，又为观众提供了更好的观感体验。相关参数经业内专家审核确认，达到国内一流水准。招标文件对曾侯乙编钟，曾侯乙内棺、外棺等体量巨大的特殊文物以及曾侯乙尊盘等部分国宝级文物提出了更高要求的设施参数。与此同时，招标文件对展览的形式设计、艺术表现方式和科技展现手段，以及展厅的展线安排、平面布局、面积分配等都有明确规定，除对硬件参数提出了要求外，还特别要求投标人提交灯光艺术设计方案、多媒体展项艺术设计方案，以保证达到一流的展览艺术效果。

展览为设计施工一体化招标，只有优秀的设计方案才能实现高水平的展览效果，因此不同于一般的工程类招标，在评审过程中价格占评价指标的比重不宜过高。为尽量保证投标人将精力主要集中在完善展览方案上，避免恶意低价竞标，在商务评审中，向投标人及拟投入的主设计师、项目经理的业绩（中国博物馆协会陈列展览设计、施工资质认证，全国十大精品展获奖情况）评分倾斜，争取使业绩优良的大公司脱颖而出。

招标文件经湖北省博物馆陈列部、财务部和招标代理公司反复研究讨论，经班子会同意并报省文化厅。2018年4月28日，新馆陈列布展项目6个展览共分为4个标段挂网。我们为投标公司留出了较充裕的设计投标时间，到6月28日共有20余家公司参与。经过评比，北京天图、河北金大陆、广东集美、北京清尚4家公司分别中标4个标段。北京天图承担了"曾侯乙展"的设计施工工作。

四、形式设计——以曾侯乙编钟为核心的大胆实践

　　博物馆陈列展览的设计是一项具有综合性、系统性的文化工程，既有文化属性，又有教育属性。博物馆陈列展览是博物馆最能彰显其文化职能、体现其艺术沟通作用的表现手段与形式。随着社会发展进步，观众对博物馆的期待和要求也越来越高，因此，我们在"曾侯乙展"的形式设计上，更加注重创新和突破。

　　前文已经多次提及，"曾侯乙展"相较此前历次曾侯乙主题展览最大的不同，便是我们在展览设计之初便确定将展览主题从曾侯乙墓转换到曾侯乙上。因此，"曾侯乙展"陈列设计弱化了墓葬特征，聚焦于曾侯乙时期的礼乐文明，力图打造一座具有极高历史价值的艺术殿堂。展厅内的文物布置突破了单元之间的壁垒和文物之间纯粹的美学关联，展现了它们共同的礼乐文明背景。

　　我们认为博物馆应当成为一首诗，成为历史意识的绵延，而非因循因果关系而被割裂的小单位。我们力图让文物间共同的文化渊源在博物馆文化架构中得到融合与展示。融合文物而不是分割它们，便成为本次展览设计的一个重要原则。这一原则对展览形式设计起到了重要的指导作用，展览最终呈现的许多细节都是遵循这一原则的结果。在展览结构上，我们尽量避免将展品和空间割裂成破碎的小单位，以保证流线的顺畅和空间的整体性，让展览超越僵化的形式与教条，展现出曾侯乙时代璀璨、神奇的礼乐文明。整个展厅以洞石装饰墙面，营造出宏伟殿堂的感觉。

　　在整体空间设计上，我们希望将全部展示内容置于一个完整的大空间内，这对常规的展览而言并无难度，但对于"曾侯乙展"而言却不然。湖北省博物馆新馆设计之初，虽然为"曾侯乙展"预留了近3800平方米的展览面积，但却分布于两个楼层。如果将展览整体空间一分为二，错层建筑空间会使得展览空间上下分离，无连贯性。如何横跨两个楼层办一个展览，合理安排曾侯乙编钟的空间位置，不造成空间拥挤

与浪费，还能保证动线的顺畅和空间的整体性，是一个难题。为破解这一难题，我们在整体场馆设计时，考虑在空间中追求多维度体系，并做出了一个大胆的尝试——在两层展厅之间设置一个直径约 14 米的圆形空洞，将两个独立的展示楼层打通，在立体空间中形成上下两层中空的建筑特点，以此寻求第三维度的空间突破。中空的设计使上下两层展览区域产生了连接口，展示空间从单一的横向延伸，演变成为纵横垂直三个方向的空间延展，两个独立空间有了联系，观众的观看角度发生了巨大的变化。

此外，我们以建筑中空设计为形式设计的核心，从视觉的角度增强了空间纵深感，将曾侯乙编钟陈设于两个楼层之间，使得编钟整体展出空间高度由原来的 4.8 米提高到 12 米。两个楼层形成一个完整的空间体系，不仅能够使展品在多维度空间体系中增加展示角度，观众的看展角度也由平面扇形扩展到从下往上，或从上至下等更广的观看幅面。一层观众抬头观看曾侯乙编钟时，也能看到二层顶部的星空穹顶与二层观众；二层观众则可以通过圆形中空部分从上至下看到编钟的顶部与一层观众。观众与观众、观众与展品之间通过全新的空间设置和新的观察视角，形成"你站在桥上看风景，看风景的人在楼上看你"的奇特观展体验。

确立了"展厅中空、放置编钟"的设计核心后，在具体细节方面，两个楼层的展厅也处处围绕中空的天井以及其中展示的编钟展开。一层展厅内设有楼梯，观众由此进入二层，再由另一侧离开展厅。一层为第一单元、第二单元，分列防火隔墙的两侧。二层为第三至六单元，以环形路线围绕天井展开。

一层展厅以防火墙为界线，分别布置第一单元"敬天崇祖"和第二单元"金声玉振"。垂直方向以天井与曾侯乙编钟为主轴，各条线索如同脐带一样延展出一个个具有极高系统性与相关性的文物陈列组，观众会感到无与伦比的秩序感与丰富性（图3-4）。

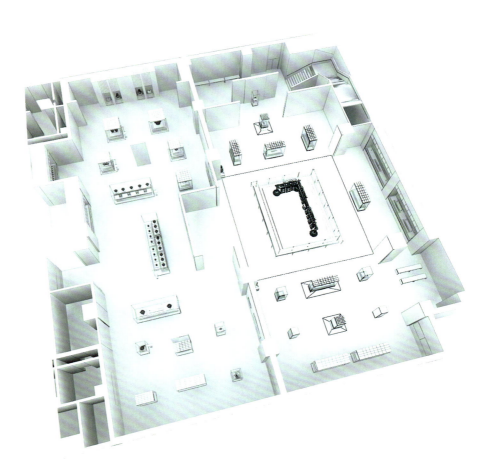

图3-4　一层展厅

　　升鼎与陪鼎按主次关系陈列，观众越过它们，遥望天井下的曾侯乙编钟。鉴缶位于编钟与九鼎八簋之间的连线上，以其为中心向两侧展开一条轴线，引出酒器与水器。在编钟四周，通过与编磬、调音五弦器以及敲钟木槌、木棒的对应陈列，引导出宗庙礼乐与房中乐两个部分。每个部分都以重点文物为圆心，涟漪般布置其他乐器文物，力求层次清晰、主次得当。建鼓铜座因其重要性被放置在独立的展区内，它完整的形态则通过图版展现。2000 多年前的礼乐文明在极具融合性的文物关系中呈现在观众面前（图3-5、图3-6）。

　　在展厅的二层，"斗转星移"穹幕影片与天井下的曾侯乙编钟一起构成了展览讲述信仰的主轴。围绕这个主轴，陈列着"生活起居""观象授时"和"祈福永生"三个主题的内容（图3-7、图3-8、图3-9）。

　　"车马仪仗"单元的展柜内陈列戈与戟，并借助光影变化将该单元的特征强化出来。半透明的展墙增强了展厅的纵深感，构建了文物关系。其他文物按类别环绕陈列。车饰和马饰分门别类进行陈列，我们将文物中功能性的构件安装在车马模型上展示其功能。

　　在围绕天井的环形路线上，"观象授时"既是这一区域的开端也是结束，起着总领全局的作用。建筑方案已规定了主棺的摆放位置，因此第六单元"永持用享"的文物被安排在天井附近。

　　为了弱化墓葬气氛，我们用隔墙将主棺与其他文物分离开。铜鹿角立鹤弧形向上的鹿角似乎将引导墓主人灵魂的飞升。第六单元将偏向知识性、媒体化的内容安排在展厅的出口处，是对展览的总结和升华。

　　展览的最后，以曾侯乙椁室模型为引，从考古角度对椁室结构进行解读，科学化的文物图像逐步转化为再现曾侯乙时代风貌的影片，为整个展览的文化价值做最后的总结。

　　在深化设计的过程中，设计方案基本保持了展览公司的投标方案效果。但通过几处重要的调整，优化了展览效果。原方案试图使观众的视线能够越过首

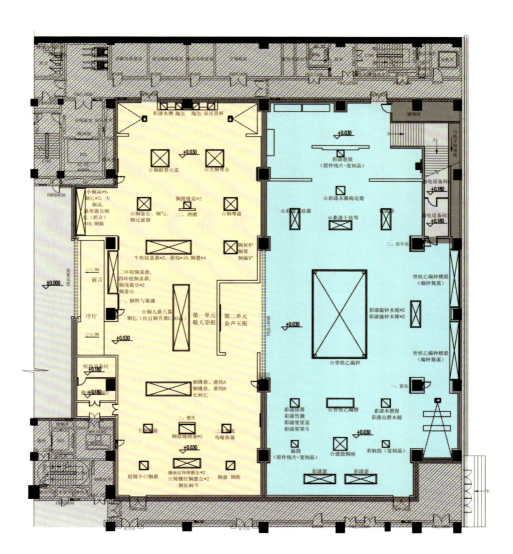

图3-5　一层文物布局

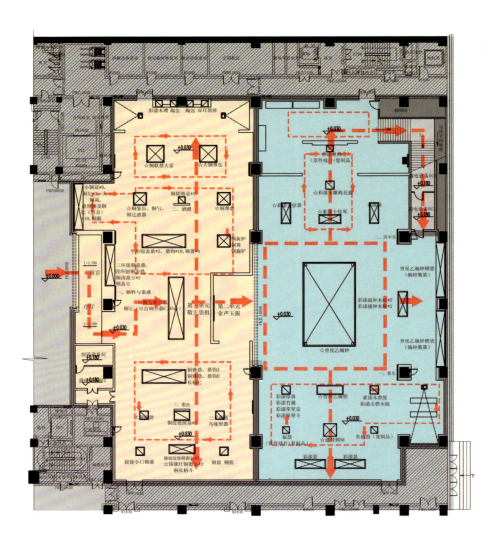

图3-6　一层展览动线

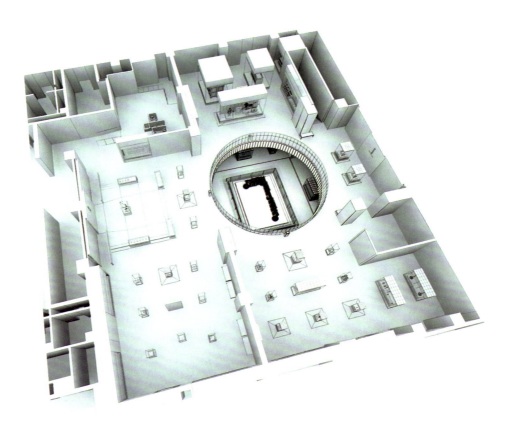

图3-7　二层展厅

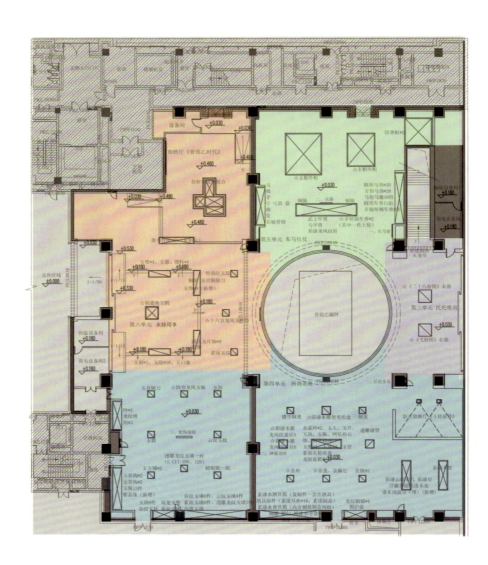

图3-8　二层文物布局

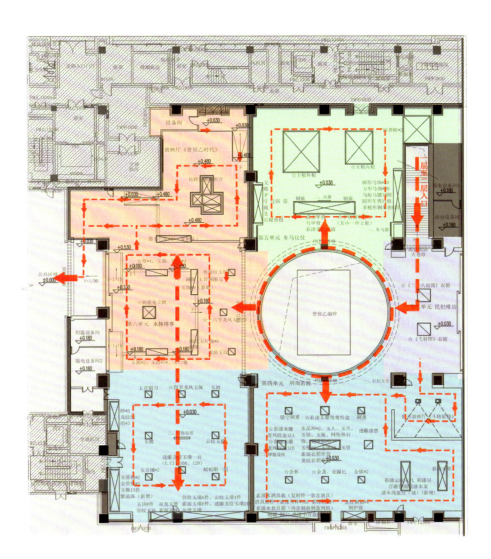

图3-9　二层展览动线

先映入眼帘的九鼎八簋，看到编钟的轮廓。我们吸收了原编钟陈列方式的优点，在九鼎八簋之后增加了一面隔墙，编钟完全被遮挡，观众必须绕过隔墙才能看到编钟（图3-10）。调整后的设计既突出了九鼎八簋作为"敬天崇祖"单元中心的地位，又使观众更能感受到编钟庞大体积和天井带来的震撼感，使编钟和穹顶的神圣崇高氛围带来更强烈的视觉冲击。

除入口处的九鼎八簋外，展厅结尾的艺术设计在深化阶段也根据展览实际情况进行了调整。原设计方案将鹿角立鹤这一核心展品置于内、外棺之前，虽然遵循了展览文本，但对文物本身的重点性提示不足，导致在展览结尾处没有亮点展品。我们将鹿角立鹤位置调整至展厅结尾，符合墓主灵魂飞升的意味，与编钟穹顶上的星空、中厅对面的衣箱形成呼应，体现了文物展示的系统性（图3-11）。

(a) 原设计方案

(b) 实际设计方案

图3-10　九鼎八簋展示设计方案

（a）原设计方案

（b）实际设计方案

图3-11　鹿角立鹤展示设计方案

五、灯光设计——历史厚重与文化浪漫的结合

　　展览的灯光设计不仅要从常规展馆照明设计体系出发，保证文物展示以及最终的观展视觉效果，更要注重对展览艺术情境与精神能量的打造，不仅要为观者展示"曾侯乙展"的精美文物，更要向每一位观众传递文物的意义，引导观众产生情感共鸣。

　　灯光设计应遵循光环境的场域设计理念。场域在艺术设计中并非实体概念，而是指一个人被其他的人、事物、空间所影响的状态，场域是有气质、有性格、有情感、有呼吸、有生命的。展陈空间的场域是一种无形的氛围，弥漫在每个参观者的周围，与参观者的感官相通，与其精神相连。灯光不仅用于照亮展品与展览空间，更要在此基础上，通过强弱、对比、色彩、冷暖等特性，构建起一个让所有观众沉浸其中的视觉空间"气场"，让观众不仅是在观看展陈，更是在全身心地感受展陈。

　　"曾侯乙展"展厅空间高 4.8 米，天花板的轨道灯采用重点照明与洗墙照明相结合的方式。展厅全部采用 LED 光源、四线三回路轨道，轨道根据层高以及展示对象的尺寸、位置严格定位。我们突破了常规博物馆的暗环境空间设计，整个展厅的光环境偏亮，在不影响文物展品的情况下，对墙面以及地面进行大面积补光，通过反射使整个空间更加通透，给予观众亲近、统一、和谐、舒适、轻松、愉悦等光感受。

　　整个展厅通过空间照明和局部重点照明对区域加以区分，采用直接照明、间接照明等不同的打光方式，充分利用灯光的方向、角度、光强、色温、光色、光比、光质、光影等要素，力求展现展厅的空间气质：在宏观上追求陈列场、艺术场、精神场和谐统一、相辅相成的照明设计理念；在微观上，利用各种灯光造型要素，突出重点文物展品的材质感与纹理感，同时注重灯光的强弱对比、冷暖对比、光色对比、光质对比（表 3-1、表 3-2）。

表 3-1　博物馆建筑陈列室展品照度标准

展品类别	参考平面	照度标准值 lx	年曝光量 lx·h/a
对光特别敏感的展品（织绣品、绘画、彩绘陶（石）器、染色皮、动物标本等）	展品面	≤ 50	50000
对光敏感的展品（油画、蛋清画、不染色皮革、银制品、牙骨角器、象牙制品、宝玉石器、竹木制品和漆器等）	展品面	≤ 150	360000
对光不敏感的展品（其他金属制品、石质器物、陶瓷器、岩矿标本、玻璃制品、搪瓷制品、珐琅器等）	展品面	≤ 300	不限制

注：出自中华人民共和国国家标准《博物馆照明设计规范》（GB/T 23863-2009）。

表 3-2　不同展览的光色视觉语言

器物	色温 K	效果
漆器	2700	柔和、细腻
玉器	3000	温润
曾侯乙主棺及陪葬棺	2700	神秘
编钟	4000	华丽、庄严
青铜器	4000	厚重

　　对于"曾侯乙展"中的重点展品，我们进行了照明专项方案设计。

　　九鼎八簋在展厅一层，我们在展厅入口设计可双向参观的陈列布局，以祭祀礼器九鼎八簋全新视角迎接观众的审视。文物侧面有精美的纹理图案。鼎的结构为上部大，底部小；簋的表面的纹理需要突出——这些是布光的重点、难点。

　　九鼎八簋放置于长 7.0 米、宽 1.8 米的展柜中，展柜五面玻璃，无上顶，照明方式为外打光。根据反复模拟计算以及现场调试，我们最终确定了合适的灯光方案（图 3-12、图 3-13）。在灯光角度、方向方面，我们采用 4° 窄角度光束角，对每个

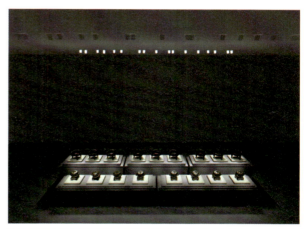

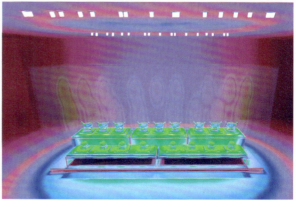

图3-12　九鼎八簋照度计算分析（上）
图3-13　九鼎八簋伪色表现（下）

文物进行重点照明，在重点照明的塑造下，观众可以清晰地看到每一件文物的细节，感受到器物的精美以及文物的历史印记。在色温方面，空间灯具色温以3000K 暖光为主，文物展品以 4000K 中性光为主，使文物在空间中既能突出，又能呈现出更接近于文物本身的色彩质感。

联禁大壶为铜质酒器，体型较大，细节较多，在灯光设计上也存在较多难点。其壶口较大，颈部较细。壶的龙形附饰需要重点突出。同时，联禁大壶腹部较大，底部纹理细节需要照明。为了解决这一系列问题，我们专门为其搭建了 360°文物照明架构，采用"顶部均匀灯光＋顶部重点灯光＋底部上照光"结合的形式，将多种照明方式进行组合（图 3-14、图 3-15）。展柜上箱体双层灯具开孔，充分实现见光不见灯，灯具嵌入式安装在首层开孔板上，光线通过二层板定向照射在展品面上，灯具有效地隐藏在二层板之上，使用效果与外观效果都得到了完美的实现。此外，展柜灯具使用低压灯具，同时采用模块控制系统，以节约能源。

我们在解决复杂器形照明问题的同时，避免了眩光，消隐了灯具，没有出现杂乱的阴影，使得这些珍宝以前所未有的清晰与完整的面貌展现给世人。

曾侯乙编钟作为展览的绝对核心，其灯光设计自然必不可少。此次我们通过灯光手段赋予其新的出场方式，让历史的厚重与文化的浪漫得到巧妙融合。

曾侯乙编钟是展厅的重心，我们为其量身制作了巨大的编钟展柜。天井下的玻璃立方体储藏和展出了这件珍宝，使其置于天圆地方的宇宙意象之中。与此同时，展台将巨大的场地逐渐向文物集中，兼顾了自上俯瞰时的视觉效果。在编钟四周，编磬与编钟合奏，五弦器为编钟定音，敲钟木槌、木棒演奏编钟，不仅要让灯光照亮空间，让观众看清展陈，更要利用灯光设计的有效手段，辅助文物展品和场景，将视觉升华，以光营景，让视觉形象弥散出精神气场，不仅要让观众"看见"，更要让人们"感受"，达到精神上的升华。

我们用重点照明聚光灯具对每件编钟进行了重点造型布光，通过灯具的不同位置及角度的排布，使灯光准确打在每一件编钟身上，突出一种"点睛之笔"

图3-14 联禁照度计算分析（上）
图3-15 联禁伪色表现（下）

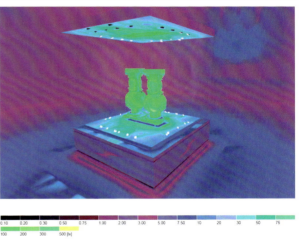

的视觉感受。顶部挑空延伸到二层，顶部穹顶借助二十八星宿光纤造型，模拟星空效果，带领观众仿佛穿越回 2000 多年前的曾侯乙时期，看到了这些文物的前生。编钟站在了一个巨大的舞台上，无数个追光落在它们的身上，像每一个观众的视线，聚焦在文物身上，观众仿佛又听到了它们的奏乐之声。整个空间根据文物的材质及主次关系，利用布局、照度、色温等突出编钟的重要地位，使编钟场景从周围的所

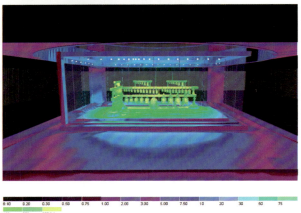

图3-16 曾侯乙编钟照度
计算分析（上）
图3-17 曾侯乙编钟伪色
表现（下）

有展陈中"脱颖而出"（图3-16、图3-17）。

　　彩漆木雕鸳鸯形盒的灯光设计也颇具巧思：顶部的重点光突出整个彩漆木
雕鸳鸯形盒的形态轮廓，底部的泛光突出整个彩漆木雕鸳鸯形盒的腹部彩绘画
（图3-18、图3-19）。由于木质文物展品的脆弱性，我们选择了光纤照明，只将

图3-18 彩漆木雕鸳鸯形盒照度
计算分析（上）
图3-19 彩漆木雕鸳鸯形盒伪色
表现（下）

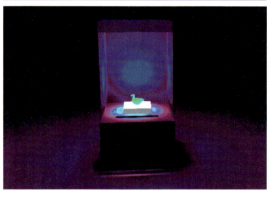

光导入展柜，而没有电和热，为文物营造安全的环境，并且发光源不在展柜内部，安装、检修、维护的过程都可以在展柜外进行，使文物展品始终保持在密闭、安全的展柜内部空间里，减少与外界接触的机会，最大限度保护文物展品的安全。

由于现场部分文物展品体型较大，细节较多，我们对每件文物进行反复的电脑模拟计算及现场实施打样计算，定制了展柜尺寸，确定了灯具的安装方式。在展柜照明设计上，我们采用具有自主知识产权的深度防眩光结构设计，不见光源只见光，为文物的展示和观众的参观提供了极为舒适的光环境，同时又能将文物的细节展现给观众。照射方式根据每件文物的特点单独设计，由原来的柜内照明改为柜内照明与柜外补光相结合的方式。柜内照明有顶部照明、底部照明、泛光照明、重点照明等多种方式；柜外采用超窄角度射灯精准补光，力求使观众清晰地看到文物的细节与纹理，感受到文物的精美与历史印记。

在灯光控制方面，我们根据文物展品照度标准的不同，选择了不同参数的灯具，力求做到惜光如金，同时选择最佳灯具类型、最佳灯具位置与最佳投射角度，避免造成灯光资源的浪费。我们通过智能照明控制对整个展厅进行灯光实时监控；通过中控系统对整个展厅的灯光进行开启或者关闭等操作，以节约维护成本；在每个展厅入口处安装智能面板，以对展厅的灯光进行就地控制；编制场景模式控制系统，可以根据具体工作需要，开启组合回路的开馆模式、布展模式、夜间模式、清扫模式等。

六、数字展项——让文物活起来

"曾侯乙展"将音乐、青铜艺术及天文作为展示的重点，而它们都属于无法直观展现的知识，观众仅仅通过文物本身、图板和简单的说明文字是难以理解的。展厅中图板信息容量有限，许多需要作为铺垫事先介绍的知识无法体现。

因此，我们在展厅中采用了相对较多的多媒体手段，作为重要展项的辅助展示。

这些多媒体手段辅助展示的对象大致分为几类：一是细节丰富、工艺精湛而体量较小的重点文物，如十六节龙凤纹玉佩、彩漆鸳鸯形盒等；二是结构复杂且无法清楚地看到其内部构造的文物，如铜鉴缶、铜鉴鼓座等；三是较复杂抽象的知识，如一钟双音十二律、二十八宿、失蜡法等。

前两类内容，一般通过在相应展品的附近设置屏幕播放视频予以展示，这些视频一般用于展示文物细节，时间不超过 2 分钟，没有配音解说。这样做可以保持主展线的流畅，避免人流过度聚集，影响展厅的环境。

对于内容较多，无法在 2 分钟之内讲解完毕的内容。我们在展厅中设置了独立播放的空间，与休息区、主展线相对隔离，用投影或大型屏幕播放专门制作的纪录片，让有兴趣的观众集中观看，以不影响其他观众参观。这些视频主题包括诸侯祭祀、失蜡法与范铸法、斗转星移、一钟双音十二律，时间都在 5 分钟以上，最长的达到 18 分钟。

根据博物馆管理的实际经验，这些多媒体设备比较容易损坏。湖北省博物馆一年观众量超过 200 万人次，"曾侯乙展"的展厅又是游客必到之处，所以耗损频率更高。所以我们并未设置过多的互动装置，而是以单方面的观看为主，并且采用的都是简单的主流设备，便于后期维修更换。

影片的制作上，由展览内容设计人员根据文本，撰写出脚本，由专业影视编导拆解成分镜头脚本。诸侯祭祀、斗转星移、失蜡法与范铸法的相关视频以动画为主，一钟双音十二律的相关视频则以实拍为主。我们利用闭馆时间，对重点文物进行了4K 标准拍摄，积累了丰富的素材，使得观众可以欣赏到肉眼难以看到的细节，领略文物艺术的魅力。

七、文物保护——展览的底线与生命

（一）温湿度环境保护

在展柜微环境方面，"曾侯乙展"厅上下两层陈展共计 80 个展柜，展示空间达到 1322 立方米。陈列文物主要是青铜器、漆木器、玉器等，展厅恒湿系统依据文物材质类型的不同共分为三种不同湿度进行调控：首先是金属类文物（青铜器、金银器），此类文物设置湿度为 45%±5%；其次是漆木器文物，设置湿度为 65%±5%；最后是其他类文物（玉器、陶瓷器等），设置湿度为 55%±5%。

在展厅环境方面，我们基于陈列展柜大小及位置安排（如图 3-20、图 3-21 所示，绿色代表青铜器文物展柜，黄色为漆木器文物展柜，蓝色为玉器文物展柜），整个展厅共配置 12 台大型恒湿机（Y1—Y12），设计上下两层各 6 条恒湿管路。展厅恒湿管路布设如图 3-22、图 3-23 所示。

我们最终采用的这套恒湿系统拥有集中调控模式，能够通过管理平台远程管理多台设备，集中管理和了解展柜内部湿度情况及观察每台设备的运行状况，操作方便，减少了后期工作人员的工作量。设备集中放置在固定的设备间，也便于以后对设备的保养与维修。所有展柜均采用微正压、单向进气方式（图3-24）。

"曾侯乙展"展厅根据恒湿机组调控的 12 条管线安排，在每条恒湿管路首、末端分别放置 1 个温湿度监测传感器，共布设 20 个温湿度监测传感器进行展柜内温湿度监测工作，能实时监测到每条恒湿路径，以保证恒湿机输出的稳定性监测，另外在展厅二层布设外环境温湿度监测传感器 1 个。

展厅除配备恒湿系统外，还具有馆藏环境监测系统。目前监测系统的主要

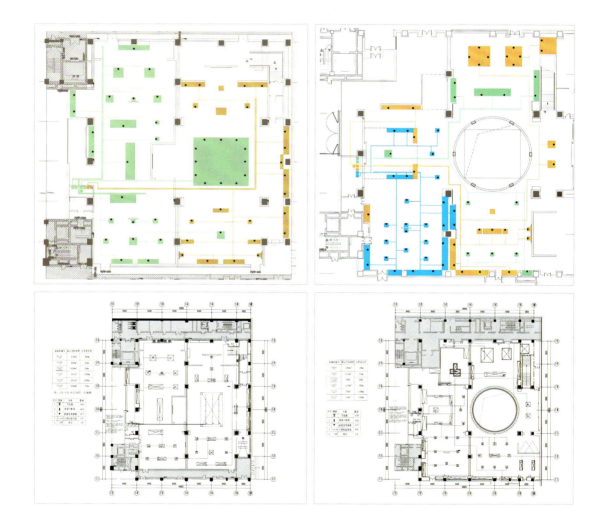

图3-20　展厅一展柜（左上）
图3-21　展厅二展柜（右上）
图3-22　展厅一层恒温恒湿管线（左下）
图3-23　展厅二层恒温恒湿管线（右下）

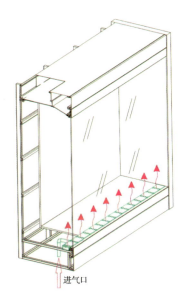

进气口

图3-24 展柜进气口设置（上）
图3-25 环境监测系统工作（下）

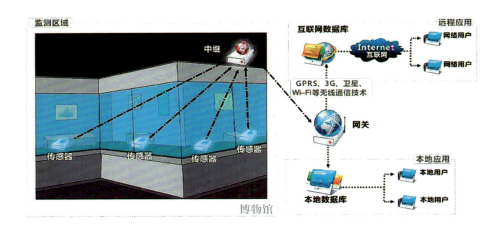

功能是对博物馆文物保存环境的相关参数进行 24 小时实时记录、存储和监测，并以此数据作为依据判断恒湿系统工作状态的准确及稳定性。监测指标包括温度、湿度、光照度、紫外辐射强度、二氧化碳含量、大气有机挥发物含量等。我们采用无线传感网络技术作为实时、动态信息采集的手段，并保证所监测的环境参数准确、可靠、有效，同时将监测采集的数据通过无线方式传输到数据处理中心。数据处理中心通过一系列的数据挖掘技术对采集到的数据进行处理，并提供多种数据呈现方式，如图形、报表等，且提供实时数据及历史数据查询、分析功能，并具有根据预先设定的报警阈值进行报警等功能（图 3-25）。

现有恒湿系统可实时显示展柜内气体输送状态，根据不同展柜湿度设置要求实现自动调节，一旦超出设定值会显示报警状态，亦可手动调节恒湿机挡位大小。目前恒湿机组已具备远程控制系统，可通过网络在线查看设备号、展柜编号、目标湿度、实时温度、实时湿度、设备状态、水位状态等。通过筛选不同时间段的数据可生成展柜内部输送气体的温湿度曲线，环境变化异常出现报警状态时，可根据需要更改目标湿度值，调节文物保存环境来达到适宜状态（图 3-26）。

我们对"曾侯乙展"展厅三种不同湿度设定值展线上随机筛选出 3 个展柜，选取 1 个月的时间，形成温湿度曲线，如图 3-27、图 3-28、图 3-29 所示。某漆木器展柜 2022 年 5 月的湿度均值为 65.6%，符合漆木器文物湿度要求设定的 65%±5%；某玉器展柜 2022 年 10 月的湿度均值为 54.7%，符合玉器类文物湿度要求设定的 55%±5%；某青铜器展柜 2022 年 9 月的湿度均值为 44.9%，符合青铜器文物湿度要求设定的 45%±5%。

展厅通过前期恒湿管路的设计、恒湿机组的安装和后期环境监测系统的网络覆盖，实现了展厅展柜文物环境温湿度的实时监测与调控，效果良好，能够保证不同材质文物长期处于适宜的温湿度状态。

预防性保护是一项长期、持久的工作，我们要努力使文物处于一个稳定、洁净的安全环境，尽可能阻止或延缓珍贵文物的物理和化学性质改变乃至最终劣化，达到长久保存文物的目的。

(a) 展厅环境监测系统总览

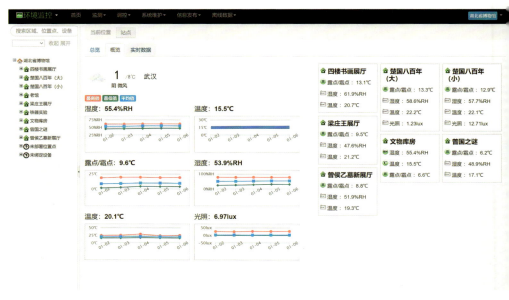

(b) 展厅环境监测系统分展厅概览

图3-26　环境监测系统功能展示

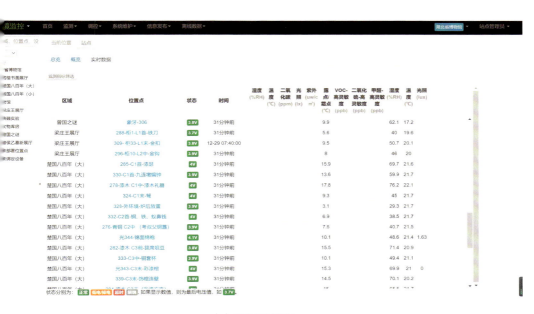

区域	位置点	状态	时间	湿度(%RH)	温度(℃)	二氧化碳(ppm)	光照(lx)	紫外(uw/cm²)	露点(℃)	VOC-高灵敏(ppb)	二氧化硫-高灵敏度(ppb)	甲醛-高灵敏度(ppb)	湿度(%RH)	温度(℃)	光照(lux)
曾国之谜	象牙-306	3.8V	31分钟前						9.9				62.1	17.2	
梁庄王展厅	288-柜1-L1首-铁刀	3.7V	31分钟前						5.6				40	19.6	
梁庄王展厅	309-柜33-L1末-舍扣	3.8V	12-29 07:40:00						9.5				50.7	20.1	
梁庄王展厅	296-柜10-L2中-金钩	3.9V	31分钟前						8				46	20	
楚国八百年（大）	285-C1首-漆瑟	4V	31分钟前						15.9				69.7	21.6	
楚国八百年（大）	330-C1首-九连墩编钟	3.9V	31分钟前						13.6				59.9	21.7	
楚国八百年（大）	278-漆木 C1中-漆木礼器	4V	31分钟前						17.8				76.2	22.1	
楚国八百年（大）	324-C1末-镈	4V	31分钟前						9.3				54.5	21.7	
楚国八百年（大）	328-外环境-炉后放置	3.9V	31分钟前						3.1				29.3	21.7	
楚国八百年（大）	332-C2首-椭、铁、蚁鼻钱	4V	31分钟前						6.9				38.5	21.7	
楚国八百年（大）	276-青铜 C2中 (考叔父铜簠)	3.9V	31分钟前						7.6				40.7	21.5	
楚国八百年（大）	光344-锦面棉袍	4.1V	31分钟前						10.1				46.8	21.4	1.63
楚国八百年（大）	282-漆木 C3前-筵席姐豆	3.8V	31分钟前						15.5				71.4	20.9	
楚国八百年（大）	333-C3中-铜餐杯	3.9V	31分钟前						10.1				49.4	21.1	
楚国八百年（大）	光343-C3末-彩漆棺	4V	31分钟前						15.3				69.9	21	0
楚国八百年（大）	339-C3末-D5棺连壁	3.9V	31分钟前						14.5				70.1	20.2	

状态分别为：正常　低电/掉电　超时　断电，如果只显示数值，则为最后电压值，如 3.7V。

（c）展柜实时数据

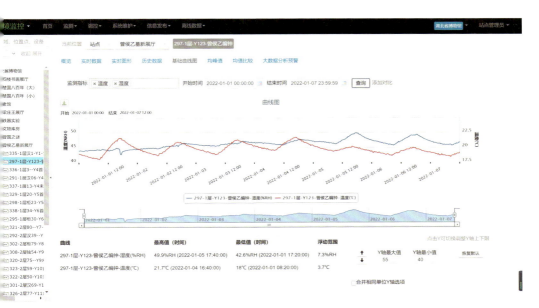

曲线	最高值（时间）	最低值（时间）	浮动范围
297-1层-Y123-曾侯乙编钟-湿度(%RH)	49.9%RH (2022-01-05 17:40:00)	42.6%RH (2022-01-01 17:20:00)	7.3%RH
297-1层-Y123-曾侯乙编钟-温度(℃)	21.7℃ (2022-01-04 16:40:00)	18℃ (2022-01-01 08:20:00)	3.7℃

（d）曾侯乙编钟展柜实时数据

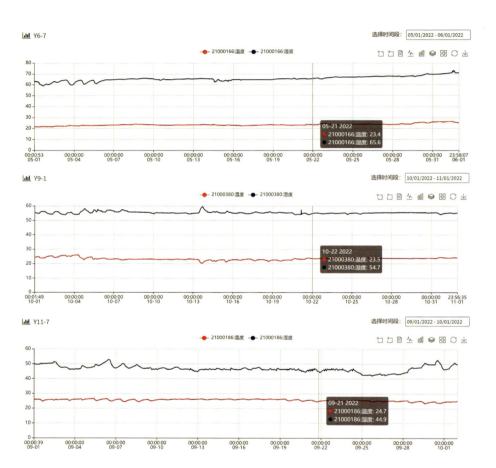

图3-27　漆木器展柜2022年5月温湿度曲线（上）

图3-28　某玉器展柜2022年10月温湿度曲线（中）

图3-29　某青铜器展柜2022年9月温湿度曲线（下）

（二）为曾侯乙编钟穿上"金钟罩"

博物馆专业文物展柜是预防性文物保护的最后一道防线，在保证文物展示效果的同时，为其营造一个相对独立的微环境空间，让它拥有合理的温度、湿度、照度等，尽最大努力防止文物受到来自外界的物理伤害和化学伤害是我们最终的追求。

曾侯乙编钟罩方案是展览中最为复杂、耗时最长的深化设计项目。在我们开始展览设计时，建筑设计师已经在展厅中已经预留了一个直径达 14.4 米的圆洞，使得观众可以从二楼俯瞰曾侯乙编钟。但是采用怎样的方式陈列编钟，才能兼具安全、美观、经济三个方面的要求？我们与展览公司从 2018 年开始研究讨论，直到 2020 年才最终确定方案。

2007 年的曾侯乙主题展览只占一层，层高净空为 6.5 米。因此，编钟罩顶部为建筑天花板，四面采用玻璃围护，顶部四周安装射灯，基本没有安全隐患（图 3-30）。

新的展览空间已经预留了中空结构，决定了必须增加从上方观看编钟的角度。这样的编钟罩设计施工有多个难点：①需保证文物的绝对安全；②文物体积大，结构跨度大；③超大型低反射玻璃无法加工；④建筑承重限制；⑤成本限制；⑥后期需要方便地进行保洁和设备调试；⑦保证五个面的可看性。

我们曾经设想过一种方案：四面采用高达 9.7 米的玻璃，从一层到二层将编钟封闭起来，顶部直接二层天花板（图 3-31）。这样做的好处是编钟顶部没有玻璃，安全性较高。展柜整体通透性优良，兼顾一层、二层，可以展示编钟全貌，能够达到文保要求，有效保护文物的物理性安全，防止人和物接触编钟，展柜钢结构自成体系，不和建筑发生过多的刚性连接。但问题是如此大型的玻璃在运输、安装过程中的破损风险较大，且造价高达 3200 万元，是馆方无法承担的。

另一种方案是在一层用四面玻璃保护编钟四周，但二层圆洞边缘增加一周高 4.85 米的玻璃，将二层封死（图 3-32）。这样仍能保证编钟顶部为建筑本身天花板，

图3-30　2007年展览编钟陈列

也满足其他要求。问题是展柜柜内空间过大（约 1220 立方米），气密性及恒湿效果很难保证，展柜与天井边缘之间的玻璃顶及二层玻璃围栏内部的清洁十分困难。顶部玻璃钢结构需和一层建筑顶部刚性连接，增加了二层楼板的承载负担。二层展厅中间出现一个巨大的玻璃圆柱体，对于展览氛围和整体性也有很大破坏。

　　经过多轮讨论，先后提出了十余稿方案，我们认为曾侯乙编钟超大展柜设计制作必须考虑以下几点关键因素：①文物本身基本信息、展览艺术效果；②文物预防性保护的需求；③建筑荷载条件与大型物料运输通道条件；④布展需求，包括文物入柜方式、照明、展柜开启方式；⑤日常运行和维护需求，包括多次开启、日常保洁、检修等。

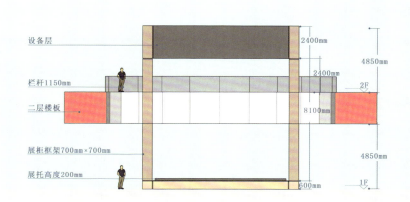

设备层

栏杆1150mm

二层楼板

展柜框架700mm×700mm

展托高度200mm

2400mm

2400mm

8100mm

600mm

4850mm

2F

4850mm

1F

图3-31　编钟罩方案一

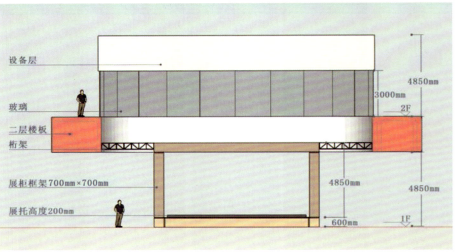

图3-32　编钟罩方案二

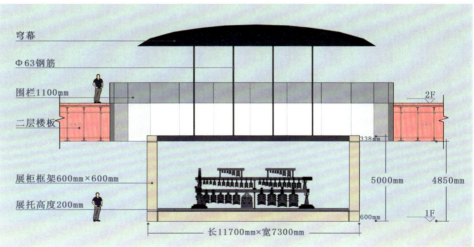

图3-33 编钟罩方案三

图3-34　编钟罩方案四

　　通过综合考虑，我们决定展厅二层还是保持中空，编钟罩顶部在保证安全的前提下，采用玻璃。顶部玻璃必须分为多块，采用钢结构横梁。为了既保证结构稳定，又减少钢梁厚度，以免过于遮挡编钟本身，设计公司曾提出，通过八根吊杆将顶部玻璃吊在二层天花板上（图3-33）。由于吊杆过于明显，我们在此方案基础上，对于二层观赏效果做了适当妥协，以文物安全为优先考虑，最终确定了编钟罩方案（图3-34、图3-35、图3-36）。

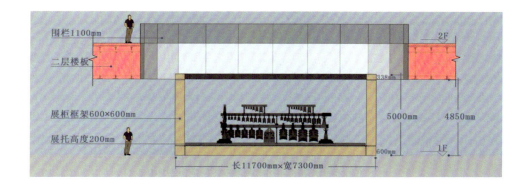

图3-35　曾侯乙编钟超大展柜设计细节

　　注：展柜长11700mm，宽7300mm，高5000mm。主体框架采用钢结构框架，重量约25.4吨。顶部采用8+0.89SGP+8+0.89SGP+8抗弯超白夹胶玻璃。立面采用8+0.89SGP+8抗弯低反射玻璃。顶部四周为冷轧钢板，静电粉末喷涂。立柱及下部四周为洞石（干挂）石材。编钟展示面铺设防火阻燃地毯。展柜总重量为43t，单平米重量为503kg。对应楼板承重要求为1000kg/m²（底部做局部加固处理）。

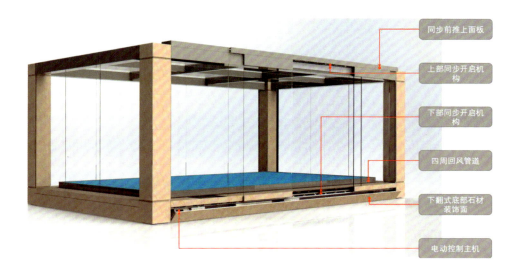

图3-36　曾侯乙编钟超大展柜开启方式

　　注：曾侯乙编钟展柜采用长边立面（背立面）全过程电动自动开启方式，双扇开启门规格为2.6m×4.7m。

八、施工管理——从纸面向现实的跳跃

展览作为兼具艺术创造与工程建设特性的艺术门类，落地实施非常关键。文本策划与设计只是起点，施工过程才决定了实际呈现在观众面前的展览面貌。

在新馆展览布展的过程中，我们建立了规范的展览施工管理制度。制定了《湖北省博物馆三期新馆布展工程管理办法》，对制度建设、组织管理、布展工程前期管理、招标管理、合同管理、现场管理、财务管理、跟踪审计管理、档案管理、竣工管理、廉政管理做出了细致的规定。

为加强对新馆布展工程工作的组织领导，湖北省博物馆成立三期新馆布展工程领导小组，由时任省文物局领导任组长。在新馆建设过程中，我们定期召开工程现场调度会，协调有关单位及时处理布展工程建设中存在的问题。馆方项目负责人、设计公司、监理的布展联席会原则上每周召开一次，如有特殊情况，根据工程需要随时召开。

每次布展联席会由布展实施小组办公室、监理公司项目负责人组织，布展实施小组办公室负责人、监理公司项目负责人和各布展公司项目经理、设计负责人、安全员、资料员等参加，主要由各布展公司汇报现场施工情况和需解决的问题，通报阶段性监理工作情况，研究和解决布展施工中出现的关于质量、安全、进度、文明施工等方面的问题，制定保障工程的相关措施。

在我们的要求下，施工单位正式开工前按合同约定编制了施工组织设计方案，制定切实可行的现场施工及安全、文明施工管理措施，并报监理、跟踪审计、布展实施小组办公室审核，严格按照审核通过后的方案实施。各施工单位正式开工前也按有关规定成立工程现场项目部，按合同约定指派现场项目经理，并根据工程范围、技术复杂程度和施工现场的具体情况，建立健全质保、安保体系、

施工现场管理责任制并负责组织实施。

我们对于布展环节的管理同样十分严格，布展公司必须严格按经审批同意的深化设计方案和施工组织设计方案施工，未报经项目监理和布展工作实施小组批准，不得擅自对审批后的深化设计方案和施工组织设计方案进行调整或修改。为确保文物安全，布展公司进场前必须对施工人员进行交底，服从并配合博物馆安保管理。同时在进场后必须加强自身安全保卫工作，全体参展人员信息必须备案存档，进出施工现场实行一人一卡制。外来人员不得随意进出现场。

关于变更管理，我们严格控制本项目的投资，按布展合同执行，尽量减少工程变更的发生。如确需发生工程变更，由布展工作实施小组组织布展公司申报此变更导致的造价变化情况，按程序，经项目监理、跟踪审计和专家会评审核定造价变化和变更原因后，由布展公司向布展工作实施小组提交书面工程变更函件，经审批后由布展实施小组办公室负责人和项目监理共同核定签发。

为了保证工程质量与施工安全，我们还建立了工程巡查制度。布展实施小组工作人员不定期对施工现场进行巡查，主要贯彻落实按设计方案实施，监督布展质量、安全生产等有关工作情况。督促项目监理和布展公司有关项目建设确定事项的落实情况。掌握工程建设情况，并随时配合处理工程建设过程中出现的问题，项目组代表的巡查情况均记载在项目管理日志上。对于发现的问题，以书面形式通知监理公司及布展公司进行及时处理。

布展配合施工单位多，影响进度控制因素多，组织协调难度大，因此我们要求布展公司在每周例会前上报周进度计划，每月25日前上报月进度计划，此两项工作由项目经理和项目技术负责人共同负责。对批准的施工进度计划中的主要工作节点和工地会议明确的工作节点进度，我们要求布展公司保证按时完成。

需要特别提到的是，博物馆陈列展览制作与土建是两个不同的专业，在设计、施工等方面要求差别较大，对施工单位的资质要求也不相同，新馆建设即分为两个项目实施。但展览和土建在设计上相互制约，在施工上相互配合，存在交叉施工的情况。建筑、消防等归属于土建，这些专业项目的招标和设计远在展陈设计前就已经完成。展览的深化设计必须考虑展览空间的艺术效果，为此我们付出了较多的精力与土建的设计、施工方沟通，协调其根据展览实际需要做出适当变更。

　　新馆陈列展览制作和土建的交接面一般在展厅大门。土建负责展厅之外公共区域及办公室、配电间等的装修，强弱电、消防、安防等设计与施工。展厅内的相关工作由布展公司完成，但由于消防、安防需要专业资质，因此需要展览设计提出需求，土建方配合设计施工。展览公司进场施工之前，土建方一般需要完成博物馆建筑主体工程、进场道路的铺设、提升货梯的安装调试、预留文物进出通道等工作。

　　暖通、消防、安防、弱电等项目在设计阶段需要与展览公司密切沟通，在设计上要相互配合。例如展厅中消防点位、风口的设置需要与展线协调，安防点位需要根据文物的位置设置，弱电点位要根据展厅内多媒体和网络的需求设置，防火分区和管道布置完成之后的展厅净高度会影响展览效果。为保证施工进度，这些专项设计全部与陈列展览设计同步进行，减少了大量沟通协调工作。

九、搬运布展——国宝"搬新家"

到 2021 年 7 月，新馆展厅各基础建设工作基本完成，展柜灯光等基本安装完毕。8 月 1 日，文物开始陆续从原展厅及库房搬入新馆展厅布展。布展之前，湖北省博物馆陈列布展领导小组召集全馆各部门召开了专题会议，制定了严格的方案，保证文物搬运和布展安全有序进行。

此前针对新馆文物搬迁，我们已经做了较为充足的准备。对于所有展览需要的文物，全部到库房一一查看现状，准备了清单目录，勘察了搬运路线。部分文物也由文保部进行了修复。通过公开招标，确定了专业珍品运输公司负责文物包装搬运、协助布展，并购买了操作险。

包括"曾侯乙展"在内的新馆文物布展由陈列部负责，展览的负责人和保管部保管员点交文物，包装后从指定路线运至展厅。保管部、文保部监督文物布展安全。在布展期间，展厅门禁、展柜钥匙由展览负责人保管，所有进入展厅的工作人员均需办理专用证件，由保卫部负责制证及检查。

我们根据展厅文物位置图纸，熟悉文物分布情况，制定日程计划。当日不进柜的文物，集中存放在原展柜内或者库房中。对暂时不能进展柜的器物，采取临时放置措施。临时放置器物时，我们先将器物放在其相应的囊匣中，如果受场地条件所限，不能放置在原囊匣内，则先确认周围没有易对器物造成损害或擦伤的螺丝、钉子、其他金属物或工具等物件，并且使用缓冲材料衬垫在器物底部。

布展过程中，我们准备了鱼线、水平仪、胶垫、橡胶管等布展常用工具、材料；根据装箱清单内容，提前标记文物的箱号、位置，以节约布展、撤展时间；在展柜玻璃上粘贴醒目无痕标志，防止人员和器物无意识碰撞展柜玻璃。

将展品静置 24 至 48 小时以使之适应展厅温湿度后，我们根据装箱清单及展位图，固定点交台，负责包装箱拆箱，并将展品从包装箱中取出进行点交。点交完成后，由专业搬运人员将囊盒搬运至展柜指定展位，再检查展台平整度及承重力情况，以及上方悬挂展板牢固情况。

小件展品由 2 人操作，1 人手捧器物，1 人护送。大件展品则由 3 至 4 人操作。确定好展品的摆放位置后一步到位，避免多次移动展品对展品造成损害。所有展品就位后，微调展品，放置说明牌。

上面提及的小件、大件展品其实只是展览中的"小家伙"，"曾侯乙展"将展出内、外棺，曾侯乙编钟等特大文物。其搬运、组装过程更为复杂。曾侯乙内、外棺自脱水保护展出以来，盛放在一辆钢架车上，历次展出均需连车一起搬动，重量远超一般文物。特别是外棺，其内部的框架为青铜，连同下部的拖车，总重约为 5 吨。而且由于其体量过大，无法在展墙、展柜安装完成后再进入展厅布展。只能预先放置在指定位置，再拼合特制展柜。根据工期的安排，我们在2021 年 1 月 24 日对内、外棺进行精心保护包装，用吊车吊入新馆，进入展厅，放置在展出位置（图 3-37）。进入展厅后，现场专门搭建了板房供文保人员继续对其进行保养。

观众对于曾侯乙编钟的熟知与喜爱，使曾侯乙编钟成为这次新馆展出文物中最受关注的展品。以曾侯乙编钟为代表的国宝搬迁更是被央视《新闻 30 分》等栏目相继报道（图 3-38）。整个编钟拆卸、转运、组装的"搬家"过程，全程通过央视新闻频道、官方微博等媒体渠道进行了实时网络直播。"直击国宝搬家"微博话题阅读量达到约 3300 万人次，湖北省博物馆新馆开放后，"国宝搬家"更是一跃成为"博物馆十大热搜展览推介"第一名。

2021 年 10 月 11 日，曾侯乙编钟开始从原展厅搬迁至新馆。曾侯乙编钟的 65 件钟大小不一，最大的重 200 多公斤，最小的重 2 公斤多，用挂钩、爬虎、插销等不同构件将其悬挂在钟梁上。其组合结构既精巧又复杂。在搬迁前，所有人员专门接受了两次培训，以确保万无一失。我们采用分层拆卸的方式，先

图3-37　曾侯乙外棺搬运

图3-38　央视新闻：新博物馆正布展，曾侯乙编钟"搬新家"专题报道

拆上层小钟，再拆中间一层，最后拆底层大钟，以保证编钟稳定与安全。

　　为确保整体的稳定性，所有编钟及其构件、铜套、铜人、立柱等经过包装装箱后，运至新馆的编钟罩内，再进行组装。组装较拆卸更为复杂。原编钟钟架已使用了20余年，多处已经变形。我们为新馆陈列重新复制一套曾侯乙编钟钟架，采用传统髹漆工艺制作。但由于编钟铜套、铜人设计不似现代工业制成品精密，对于全新的钟架，各种榫卯都不能严丝合缝，需要不断调整试架，以保证文物原件不受损害且钟架稳定。整个过程历时4天，10月15日，编钟的搬运安装工作完成，曾侯乙编钟成功入住新家。

金聲玉振

Sound from
Bronze Bells and
Stone Chimes

一、新馆有新展

全国文博迷翘首以盼，终于迎来新馆顺利开幕。

2021 年 12 月 20 日，湖北省博物馆新馆开馆仪式在南主馆举行，湖北省委书记、省人大常委会主任应勇，省委副书记、省长王忠林，文化和旅游部副部长、国家文物局局长李群等领导共同为湖北省博物馆新馆揭幕。湖北省博物馆新馆开放，对于国内博物馆界来说实属盛事，意味着湖北文化发展事业迈上一个新台阶，也意味着湖北省博物馆站在新的历史起点上，以更加积极、开放、有为的姿态迎接公众。

湖北省博物馆的展览，秉承"彰显荆楚文化魅力、展示湖北文明发展历程、突出馆藏文物特点、体现最新学术研究成果"的理念。陈列展览体系为专题陈列、通史陈列相结合，既有对原有展览的提升改造，也有新设原创展览，同时弥补了此前展览体系中没有通史展的不足。新建成的南主馆向公众推出"曾侯乙展""曾世家——考古揭秘的曾国""楚国八百年""越王勾践剑特展""梁庄王珍藏——郑和时代的瑰宝""书画珍秘——湖北省博物馆藏馆书画精品展"六个全新展览，力求多元展示荆楚文化，为公众提供优质服务。湖北省博物馆新馆建成后，展陈文物从之前的约 1 万件增加到 2.5 万件以上。展览主题和布局合理，承担了作为国家级博物馆应尽的责任，较好展示了湖北省博物馆的丰富馆藏，全面呈现了考古发掘成果，凸显了湖北历史文化的特点，做到了区域博物馆和专题博物馆的统一。

习近平主席在湖北省博物馆会见印度总理莫迪时指出，荆楚文化是悠久的中华文明的重要组成部分，在中华文明发展史上地位举足轻重。曾侯乙编钟是古代礼乐制度的重要历史见证。在参观曾侯乙编钟时，习近平主席特别谈到编钟蕴含的礼乐文化和礼乐制度，以及其教化民众的作用，简明扼要地指出了编钟的深刻内涵。

在新馆开馆之后，以曾侯乙编钟为核心的全新"曾侯乙展"深受观众喜爱。现场观众量以及观众评价可以说是反映展览策划水平的最直观的镜子，新馆开幕之后，数日门票一抢而空，各地文博爱好者前来打卡观看，博物馆门口每天排起长长的队伍，可谓游客云集，盛况空前。展厅序厅门口或重点文物前，游客们纷纷拍照留念。

二、"云"端不落幕

对于一座 2021 年全新开馆的博物馆而言，"云"并不陌生。近年来，尤其是新冠疫情暴发以来，博物馆在"云"端的各种操作层出不穷，已经成为实体博物馆的重要补充，湖北省博物馆新馆自然也不例外。

我们基于高清图像技术、三维重建技术、3D 全景技术等先进数字化技术，以及多媒体技术、多元多维输出展示技术、社会门户增设、主题影片制作等，研究、采集馆内藏品的全方位数字化信息，并通过高速数据处理、相关历史文化关联、历史场景再现、高清和超高清图像互联网展示、文物三维图像展现、博物馆全景漫游等方式，为包括"曾侯乙展"在内的新馆基本陈列制作了相应的"云"展览，使得观众可以足不出户地观看博物馆藏品及展览，实现"永不落幕的展览"。

我们采用 720° 全景漫游的方式来进行场景展示。实现方式为现场采集实景照片，使用相机拍摄的水平方向 360°、垂直方向 180° 的多张照片拼接成一张全景图像，然后利用得到的全景图像，通过计算机图形图像技术构建出全景空间，让参观者可以全方位观看整个场景，仿佛身临其境。

当然，我们还在这一基础上进行了一系列创新。首先，我们利用虚拟现实（VR）技术，为观众提供 VR 模式的云展览，使观众能通过 VR 眼镜进行观看，进一步提升了观众的沉浸式体验。其次，"曾侯乙展"的云展览并非对线下展览的简单复制和搬运，我们在深刻理解线下展览主题和展品的基础上，以互联网为媒介进行增强展示，弥补线下展示在内容和形式上的不足，比如观众点击重点文物上标注的热点，可以跳转到文物的详细介绍页面。文物介绍提供多种展现形式，有图、有文，还有三维模型，方便导览。

除此之外，为了使观众更好地全方面了解曾侯乙，我们还突破了时间的限制，在线上保留了 2021 年被评为全国博物馆十大陈列展览精品的"华章重现——曾世家文物特展"的全景展示，供大家补充观赏。

除了把展览搬上"云"端之外，我们还别出心裁地将社会教育活动也搬到"云"端，开创性地开展了"云端打卡湖北省博物馆新馆"系列活动。

"云端打卡湖北省博物馆新馆"是依托湖北省博物馆新馆，运用"互联网＋"形式，将观众喜欢的导览视频、专题文案、情景剧展演等方式相结合的线上社教活动。内容包含基本陈列主题的解读、新增文物的导赏、展陈手法的创新介绍等，多维度呈现湖北省博物馆新馆新风貌。观众可足不出户，随时随地看新馆看新展，纵览荆楚文明发展历程，领略湖北历史上最具特色的华彩篇章，大大提高了公众参与的积极性和主动性，受到广泛好评。

回顾"云端打卡湖北省博物馆新馆"系列活动的成效：首先，活动旨在全方位凸显新馆之新。打破只是介绍精品文物的传统做法，不仅展现了新馆外观造型及整体布局的别具匠心，而且诠释了展览主题的创新和大量新增精美文物。同时，介绍了展陈手法以及学术研究新成果，力求多维度向公众呈现新馆新风貌。其次，每期主题精心策划、引人入胜，生动活泼的表现形式收获了极高的点击率和点赞率。最后，"云展演"方式让活动广覆盖。人们可以 24 小时随时赏析新馆承载的荆楚文化。该系列活动吸引多个主流媒体平台发布和报道，形成了多层次传播矩阵，扩大了受众覆盖面，一经推出便好评不断，并成功入选中国文物学会、中国文物报社共同主办的 2022 年度全国文博社教十佳案例宣传推介活动百强案例。

三、文创传古韵

近年来，我国博物馆依托馆藏资源开发各种文化创意产品，在推动中华优秀传统文化创造性转化、创新性发展的同时，满足了人们高品质的文化消费需求。由文物衍生出的文创产品越来越多，受到人们特别是年轻人的青睐。

曾侯乙编钟是湖北省博物馆的镇馆之宝，为我们打造文创特色品牌提供了最大、最有价值的 IP。围绕曾侯乙编钟开发的文创产品已形成系列。从 20 世纪 90 年代开始，我们在保护原件、研究制作技术、展示"声""形"等各种需求的推动下，率先启动了曾侯乙编钟的复仿制系列文创设计。如今，这一系列已经开发出四大类，数十种产品。第一类为以"形似声似"为标准的严格复制件 4 套：第一套入藏湖北省博物馆，主要用于国际巡展；第二套用于湖北省博物馆的日常展演；第三套在出土地随州博物馆展示；第四套在台北传统艺术中心展示，并在台湾各地流动展出。第二类是"形似"的高仿钟 4 套：北京大钟寺古钟博物馆高仿版编钟、武汉音乐学院混合版编钟、中国音乐学院复原版编钟、陕西黄帝陵编钟各 1 套。第三类则是不拘泥于原型、强调实用功能的大型仿制钟 3 套：湖北省歌舞剧院现代舞台版编钟、中国音乐学院"华夏钟""中华和钟"纪念版编钟各 1 套。第四类则是小型实用仿制钟数十种。

除了复制类文创外，我们还开发有耳环、项链、钥匙扣、明信片、笔筒等。其中，授权楚天书局"荆楚有礼"开发的"楚随交锋"飞行棋特点鲜明。历史上，楚国、曾（随）国长期比邻而居，流传着许多生动有趣的故事。飞行棋以古地形图为蓝本，以两国攻占交伐为线索，巧妙化用曾侯乙编钟中楚惠王赠送的镈钟，制作游戏棋子，将荆楚文化与益智玩具相结合。

作为曾侯乙主题展览的延伸，湖北省博物馆编钟乐团以曾侯乙墓出土乐器复制件为基础，与专业院校、著名音乐人合作，打造古乐器演奏会"千古绝响——曾侯乙编钟音乐会"，将诸多古典曲目等搬上舞台，吸引了大量海内外游客。为吸引青年观众，我们还曾与腾讯合作，为一款手游打造编钟演奏主题曲《风一样的勇士》，为跨界融合做出了有益尝试。

2019 年开始，我们推出了"舌尖上的湖北省博物馆"，以几大镇馆之宝为模型制成了慕斯蛋糕和冰激凌，很多年轻人专门前来打卡品尝。

如今，依托全新的"曾侯乙展"和信息技术，曾侯乙的相关文创产品又迈上了新的台阶。在综合馆大厅体验区，我们对曾侯乙编钟进行了全息投影。观众动动手即可"敲响"编钟；佩戴 VR 眼镜，手持 VR 手柄，就可以化身乐师，在系统的提示下完成演奏，感受与文物近距离接触的魅力。

2022 年除夕，我们与中央广播电视总台、QQ 音乐、腾讯区块链等共同推出《古律叩新春，礼乐承千年》新媒体互动游戏，玩家可通过扫描二维码进入游戏界面，选择曲目，根据歌词节奏提示敲响编钟。每次敲击，按照节拍准确度计算得分。根据最终得分，玩家将分别得到礼乐入门弟子、礼乐掌门人、礼乐大师等称号。互动满 30 分的用户，将获得"古韵传承人"古风头像数字藏品一份；得分高的用户，将有机会获得不同风格的古韵传承人数字藏品，以及108888 份限量版编钟数字藏品，其中包括战国青铜曾侯乙编钟全套编钟，以及钮钟、甬钟、镈钟三种单钟数字藏品。数字藏品可以在腾讯区块链上永久保存，用户在微信搜索"时空藏馆"小程序，使用领奖手机号码登录，即可查看链上藏品详情。

　　通过数字化技术复原其打击原声，再借助移动互联网这一媒介，不论男女老幼都可以拿起手机争做"礼乐大师"；通过敲击曾侯乙编钟，奏响新年钟声，让2000 多年前的雄伟乐器在互联网时代"活起来"。

四、此中有真意

　　很多官方主流媒体对湖北省博物馆新馆进行了广泛的宣传和报道，包括中央电视台和《光明日报》等权威新闻平台，从线上到线下，都对展览予以大篇幅的报道。"国宝搬迁""湖北省博物馆新馆开放""战国干煸鱼""曾侯乙编钟 2400 多年前是金灿灿的"等话题，微博阅读量接近 1.3 亿人次；以新馆展陈为契机启动的湖北省博物馆十大镇馆之宝评选活动，微博阅读量达 3000 万人次。新馆开放还登上 2021年 12 月至 2022 年 1 月间微博热搜榜第一位。

　　湖北省博物馆自媒体——官网、微信和微博等，更是不遗余力地进行宣传。令人欣喜的是，新馆展览的宣传不只有来自官方的发声，更有广大观众自发的口口相传。观众将喜爱表达在各个平台，无不透露着对我们展览的肯定和热爱。"刷展无数遍"正是不少观众的感慨，他们将观展体验记录发朋友圈、发微博、发抖音，形成了强大的、真实的声音。有的观众是简单地发布在湖北省博物馆打卡点拍的美图，有的对展陈设计方式进行评论，有的对展出的文物进行研究，十分精彩。

官方账号

"大家伙"曾侯乙编钟这次也有了一间专属"音乐教室"。如璀璨星河的穹顶上，楚凤纹样和二十八星宿交织缠绕，曾侯乙编钟在穹顶下沐浴星辉，周边展柜中陈列的则是铜建鼓座、彩漆笙笛、彩漆击磬木槌等。难怪这个展厅叫金声玉振，在烂漫星空下，这些乐器的声音，是人类文明跨越时间长河的共鸣。

在镇馆之宝中，越王勾践剑成为第一个拥有"房产"的宝贝，约300平方米的展厅，仅放了这一件文物。整个新馆中的展柜都是低反射玻璃，可以让观众360°看清越王勾践剑的花纹。墙壁上是文字和视频，展览分为"越国春秋""惊世发现"与"剑中王者"三个单元，以越国历史作为切入点，将越王勾践剑的故事娓娓道来。

"梁庄王珍藏"在湖北省博物馆南主馆3楼，本是旧展，搬入新馆后，更接地气了。除了展厅面积扩大（从330平方米扩展到1000平方米左右），最特别的升级是展陈方式：突破此前文物按器类划分的逻辑，从"人"的角度切入，观众就像在逛梁庄王的家。踏入展厅，不自觉有种温馨感。中式门扉，圆形拱门，随处可见。哪里是在博物馆，简直像是来到院子里散步。结婚戴"三金"的习俗，自古就有。王妃所佩戴的"三金"是金镯、金钏（缠绕手臂的饰品）和金帔坠（贵族女性礼服饰带的坠饰）。从精神文化，到生活用品。2400多年前的楚国人怎么生活，来这儿看就够了。展厅内，有两组重磅宝贝。时隔多年，镇馆之宝虎座鸟架鼓原件再次展出。这件乐器是战国历史剧中的必备道具，因为它是楚文化输出的最佳代表。虎座鸟架鼓出土于枣阳九连墩 2 号墓，高 135.9 厘米，由两虎两凤组成，凤鸟踩在老虎身上（楚人是凤鸟的狂热粉丝）。和越王勾践剑同样传奇的，是吴王夫差矛和吴王夫差剑。大概是经常被主人使用，青铜器上的磨损痕迹明显。

震撼之余，我爱上"楚国八百年"的原因，是"接地气"。古代男子有多爱美？彩绘漆木梳妆盒中，油脂格、铜镜、剃须刀一应俱全。比现代女孩的化妆包还齐全。当和一条"活"了 2400 多年的干鳊鱼迎面碰上时，我经历了一次世界观重塑（一条鱼怎么能保持千年肉身不腐？会不会是腌鱼？）这条干鳊鱼或许是早期的武昌鱼，它的邻居是大豆、花椒、芸豆等食物，都来自战国时期。

沉浸式看展，离不开现代科技的帮忙。让文物"活"过来，总是观展中最有趣的那一环。镇馆之宝漆画彩绘《人物车马出行图》，描绘了战国时期人物车马出行的场景，全长 87.4 厘米，却画下了 26 个人。彩绘《人物车马出行图》中的人物姿态各异，故事情节饱满，被誉为目前中国现存最早的长卷"连环画"，体现了楚国漆器高超的制作工艺。在原件旁，画中的人物都在视频里动了起来：马车上坐着三位贵族，穿着不同颜色衣服的随从奔跑起来，耳边仿佛响起了整齐的"哒哒"声。新馆中，视频、投影随处可见，但"曾世家"的展厅一定是最美的。听编钟演奏，是参观湖北省博物馆的保留节目。新馆专门打造了编钟演奏厅，外形是编钟造型，室内有靠背椅、幕布舞台，可容纳 300 人左右。舞台向下挖了 4 层的高度，地下空间有机械式升降舞台，这也是国内博物馆中的首例。试想一下，到时编钟或许就在舞台上慢慢升起，敲响天籁之音。

——"武汉市文化和旅游局"微信公众号发布

云游湖北省博物馆新馆，曾侯乙编钟、越王勾践剑、虎座鸟架鼓，这些国宝级的藏品都可以在线上见到！VR 技术的巧妙运用，互动装置的沉浸式体验，

让你深深感受到荆楚文化元素与现代科技感交融！新馆已于 2021 年 12 月
20 日正式开馆！依然免费，需要提前预约。待到防疫形势不再那么严峻，
约上三五小伙伴，一起去感受一下浓厚的荆楚文化氛围。

——"华中师范大学"微博

文博机构

许多文博机构账号推荐、转发了湖北省博物馆新馆开放的内容，表示了祝
贺和推荐。

2021 年底，湖北省博物馆新馆全面建成，并对公众开放。湖北省博物
馆将站在新的历史起点上，以更加积极、开放和有为的姿态迎接公众。传
统和现代穿插交汇，尽显荆楚美学，新建成的南主馆建筑成为武汉、湖北
乃至中国的一座光彩夺目的标志性建筑。

——"中国文博"微博

请欣赏稀世珍宝的风采。湖北省博物馆镇馆之宝曾侯乙编钟自发掘出
土以来，一直备受世人瞩目。随着该馆三期扩建工程基本竣工，陈列布展
有序进行，稀世珍宝曾侯乙编钟搬进了三期展厅。曾侯乙编钟是战国早期
文物，1978 年在湖北随县（今随州市）出土，是由 65 件青铜编钟组成的
庞大乐器，其音域跨五个半八度，十二个半音齐备。它高超的铸造技术和
良好的音乐性能，改写了世界音乐史，被中外专家、学者称为稀世珍宝。
它是中国古代人民高度智慧的结晶，也是中国"文明古国"的辉煌历史成果。

——"全球博物馆"微博

在湖北省博物馆新馆，新技术是最大亮点。运用新技术，对漆器、丝绸等比较脆弱的展品进行实时监控，保证展柜恒温、恒湿。为了让观众隔着展柜玻璃也能看清楚文物的细部，运用低反射玻璃制作展柜。还用了大量数字化呈现方式，让87厘米长、画在漆器上的《人物车马出行图》"动"了起来。如今，观众可以通过数字化设施"敲击"曾侯乙编钟，增强对文物的体验感。

——人民网原创，"中国考古网"微博转发

12月20日，湖北省博物馆新馆举行开馆仪式，湖北省委书记应勇、湖北省省长王忠林、国家文物局局长李群等为新馆开馆揭幕。历经8年的栉风沐雨，新馆终于在21日正式对外开放。

湖北省博物馆新馆馆舍总建筑面积达11.4万平方米，位居全国省级博物馆前列，展出文物2.5万件以上。新馆在设计上形成了南北两馆一体、两主两翼、中轴对称的布局，成为东湖畔最富文化内涵、最具文化魅力的荆楚美学地标。

馆内现有藏品24万余件（套），国家一级文物近千件（套），尤以商周青铜器、楚秦汉漆木器与简牍、先秦及明代藩王墓出土的金玉器为特色，数量丰富，质量精湛。透过文物，新馆为观众进一步讲述了千年前在湖北土地上发生过的历史传奇。

——"策展人杂志社"微博

媒体记者

繁体字美丽的"丽"字就由鹿组成，铜鹿角立鹤正是这个字的诠释；衣箱上面有《二十八星宿图》，古人天文学的造诣极高；古代的冰箱叫铜鉴缶，冬天存了冰块夏天用；还有让世人叹为观止的镇馆之宝曾侯乙编钟，至今还能演奏乐曲，代表了中国文化的巅峰。从湖北省博物馆新馆坐电梯到三楼，步行就可以到老馆的一楼，也是够神奇。这一下午就泡了一个馆，不过挺有意思。

——媒体人"许愿"微博

人文艺术博主

分享一下这次的攻略吧。湖北省博物馆，个人心中省级博物馆前三！真的太棒了，布展、灯光、文物都没得说，好东西太多了！

博物馆展板的介绍很好，重点文物都有单独的介绍，非常仔细。认真看完，一天时间不够，得两天的时间。

目前新馆开放，有四个基本陈列"曾侯乙""楚国八百年""曾世家""梁庄王"，对了，还有"越王勾践剑"，每一个都是硬货满满的展，单独拿出来都很能打。

看完"曾侯乙"，我觉得已经很满足了，再看"梁庄王"，觉得又多了一次享受。结果"曾世家"和"楚国八百年"也同样很惊艳。

——"遗产君"微博

文博爱好者

每到一个城市，我都喜欢去当地的博物馆逛逛，了解当地历史及文化，这次来到湖北省博物馆，见到了几件之前只在历史课本上见到过的国宝文物。

如果说用一件乐器代表古代的中国，那一定是编钟。曾侯乙编钟非常巨大，大到用广角相机都没有办法一次拍全，它可以追溯到约 2500 年前，是迄今发现保存最好、数量最多、音律最全的编钟。我看到它的第一眼就被惊艳到，上面的花纹和制作工艺十分精细，一个钟能发出两种不同乐音，代表着中国古代乐器的最高水准，曾侯乙编钟的发现改写了世界音乐史。

　　另一件大家熟悉的文物是越王勾践剑，卧薪尝胆的故事大家都学过。很多人应该都会好奇，一把穿越了千年的古剑，为什么没有生锈呢？因为剑身的铜质好，杂质少，制作工艺精良，加上墓葬密封性好，出土时带着剑鞘，才保存得这么好。

　　湖北省博物馆有太多值得一看的文物，记得要提前预约哦。

——"泛道"微博

　　这饱含岁月深情的青铜器、雅致绝美的白瓷，还有那精致秀美的金饰，一件件文物静静地躺在那里，无声地诉说了生动的过往。

　　我记得小时候曾在电视上看到过编钟演奏的画面，虽然是现代人用一些仿古乐器营造出的一场盛宴，但当"宫女"们用一整套编钟演奏着当时的曲目，我还是被深深震撼了，真是难以置信，编钟的乐音和回响是那样的悠长而清澈。

　　博物馆是连接古代与现代的精神桥梁，置身其中，把自己想象成那个时代的人，只会自叹不如。古人怎么会有如此的智慧和艺术造诣，这样执着而赤诚地去面对生活万物？这种把艺术融入生活的智慧像哲学，也像一种与生俱来的魅力，太令人着迷了。

——"金鱼酱"微博

　　非常震撼，世界级的藏品，楚人丰富的想象力和磅礴大气的审美造就了曾侯乙墓中精美的陪葬品。

——IMUSEUM"曾侯乙展"留言：themoonsay

　　新馆的空间和展线做得大气磅礴，每一个转角都有恰到好处的惊喜。

——IMUSEUM"曾侯乙展"留言：吉吉

金聲玉振

Sound from
Bronze Bells and
Stone Chimes

结　语

但余钟磬音

　　湖北地处长江中游，是中国的文物大省，文脉绵延，物华天宝。2018 年 4 月 27 日，习近平主席在武汉会见来华进行非正式会晤的印度总理莫迪时指出："荆楚文化是悠久的中华文明的重要组成部分，在中华文明发展史上地位举足轻重。"湖北省博物馆是中央和地方共建的国家级重点博物馆，是湖北省最重要的文物收藏、研究、展示、教育机构，也是弘扬荆楚文化的重要阵地和展示荆楚文明的亮丽窗口。

　　2021 年 12 月，新馆的正式开放，为湖北省博物馆弘扬荆楚文化、展示中华文明创造了新的机遇。

　　文物，承载灿烂文明，传承历史文化。

　　展览，展现文物风采，诠释中华文明。

　　如今，距离"曾侯乙展"开展已经过去了 1 年多的时间，这 1 年多来，我们接待观众近 100 万人次，讲解逾 10000 批次，"曾侯乙展"进入了稳定的日常运营阶段，其策划工作仿佛已离我们远去，但我们与曾侯乙的故事却仍在继续……

一、让荆楚文化保持旺盛生命力

2018 年 4 月 27 日下午，习近平主席同来华进行非正式会晤的印度总理莫迪，参观湖北省博物馆精品文物展。两国领导人一同欣赏具有悠久历史的中华文明，特别是荆楚文化，并就加强中印两个文明古国交流互鉴、推动不同文明和谐共处和对话交换意见。

习近平总书记多次提道，要坚定文化自信，讲好中国故事。作为文化遗产的守护者、传承者、利用者，我们有责任、有义务，担起培根铸魂的文化使命，我们要充分发挥创造力，根据发掘出来的文物，更好地传承传统文化根脉，让荆楚文化保持旺盛生命力。

这 1 年多来，我们基于全新的"曾侯乙展"，在文创、传播等领域深耕发力，在增强文化的凝聚力、吸引力、感染力和传播力等方面开拓创新。

在"国潮风"席卷互联网的当下，我们在端午之际，与直播平台斗鱼推出了联名国潮端午礼盒。这款极具文化底蕴的端午节限定礼盒，以荆楚文物为设计主题，以越王勾践剑、虎座鸟架鼓、彩漆木雕鸳鸯形盒、彩漆木雕梅花鹿这 4 件湖北省博物馆的馆藏珍品为创意元素，为端午传统小吃设计了专属立绘包装盒；以曾侯乙编钟为造型，制作了清凉解暑的编钟绿豆糕，口感绵密醇厚，与编钟厚重的历史气息不谋而合。其外包装的图案活泼可爱，深得"国潮风"精髓。随着端午的到来，暑气渐长，夏意渐浓，我们在为大家送上传统小吃的同时，还将时节与用户需求进行了结合，为大家备上了"云游佩囊"小方包、"御风金轮"国风挂脖小风扇、"伏魔贴贴"镇馆之宝驱蚊贴等年轻人喜欢的夏季潮品小物。小包一挎，电扇在手，想想这出街的回头率，绝对是整条街"最靓的仔"。

　　除了文创以外，我们以展览为基础，积极探索博物馆开放新模式，在夜间、特殊时间段延长开放时间。2022年8月26日晚，由湖北省文化和旅游厅主办的"沿着长江读懂中国——湖北千里长江行"武汉都市圈探访团走进了湖北省博物馆。湖北省博物馆馆长、湖北省文物考古研究院院长方勤亲自为观众进行了导览。《长江日报》对此次探访进行了全程直播，大洋网等国内20多家媒体进行了转播，共吸引1000余万人次观看。曾侯乙编钟、越王勾践剑、虎座鸟架鼓、云梦睡虎地秦简等一大批具有长江文化特质的代表性文物通过线上直播的方式与广大观众见了面。

　　此外，我们结合时事热点，每年都以馆藏文物为元素制作海报，向观众送上祝福。2022年，我们选中的展品为曾侯乙青铜匜和鹿角立鹤。曾侯乙青铜匜为曾侯乙举行祭祀仪式时洗手的礼器，我们借此提醒观众们要勤洗手；鹿、鹤都代表着吉祥、长寿和幸福，"鹿鹤同春"寓吉祥，百福临门鸿运开。

　　这1年多来，包括"曾侯乙展"在内的湖北省博物馆新馆展览和各类探索受到了社会广泛关注，央视《新闻联播》等各大媒体纷纷报道，"曾侯乙展"在第十九届（2021年度）全国博物馆十大陈列展览精品推介活动中获得"精品奖"。

二、让千年钟磬的音韵响彻神州大地

　　曾侯乙编钟作为湖北省博物馆的镇馆之宝，在我国已出土的编钟中是数量最多、重量最重、音律最全、音域最广、保存最好、做工最精细的一套，属于战国时期青铜乐器的巅峰之作。

　　作为大型礼乐重器，编钟在古代社会有着重要的礼仪象征作用。1978年出土后，为了解其音乐功能，音乐考古学者在曾侯乙墓发现地举办了一场音乐会，用曾侯乙编钟原件演奏了一组古今中外著名乐曲，并通过电台广泛传播，震惊世界。

　　1986年，中国唱片总公司联合湖北省博物馆，用曾侯乙编钟原件录制了唱片《千古绝响：曾侯乙编钟之声》，该唱片收录了《竹枝词》《春江花月夜》《楚商》等6首经典乐曲。

　　如今，出于文物保护的考虑，曾侯乙编钟已经不再承担演奏功能，但是我们对曾侯乙编钟音乐功能的研究和活化利用却从来未曾停止。2022年1月1日，湖北省博物馆新馆全面建成开放不久，我们便举办了"'一见钟·琴'2022新年音乐会"。该音乐会由湖北省博物馆主办，江汉大学音乐学院、武汉琴台钢琴博物馆协办。音乐会上，中国古代编钟之王曾侯乙编钟（复制件）与西方乐器之王钢琴同台联袂演出，用音乐祈福美好，迎接新年的到来，为观众带来一场中西文化和而不同之美的视听盛宴。

　　其后不久，在中央广播电视总台和国家文物局联合摄制打造的首档跨越千年溯源中国春节习俗的文化创演节目《古韵新春》中，湖北省博物馆编钟乐团受邀参演了其中《六月》《橘颂》两个作品的排演录制。作品《六月》通过歌曲演唱、器乐演奏、古装展示等多元形式，再现古人生活、娱乐、劳作场景。《橘颂》是由德籍作曲家老锣根据楚国大诗人屈原作品创作编配而成，由歌唱家龚琳娜倾情演唱。当时，复制版曾侯乙编钟被搬上舞台，登上荧幕，奏出了 2000 千多年前的金石之音。

我们还以新馆建设为契机，在更新"曾侯乙展"的同时，于南主馆负一层西侧新建了编钟演奏厅。2022 年的"5·18 国际博物馆日"中国主会场设在武汉，主场活动在湖北省博物馆举行。我们在 5 月 18 日当天，于全新的编钟演奏厅举办了"博物馆之夜"专场音乐会，用千年的钟声欢迎五湖四海的朋友。

"千年钟磬，荡漾今声。"希望能够通过我们的努力，让千年钟磬的音韵响彻神州大地，让跨越时空的珍贵文物"活"起来。

未来，我们将牢记习近平总书记的嘱托，贯彻落实总书记关于文物工作的重要论述，持续加强对荆楚文化的发掘、研究和推广，进一步完善功能、改进服务，举办更多优质展览，在提高公共文化服务供给能力和水平上争当表率，在培育和践行社会主义核心价值观上争当表率，在擦亮荆楚文化名片、打造长江文化高地上争当表率，努力将湖北省博物馆建设成为与湖北文化大省地位相匹配，与历史悠久的荆楚文化相符合，与人民群众对美好生活的向往相适应，与蓬勃发展的新时代中国特色社会主义伟大事业相一致的全国领先、国际一流博物馆。

后 记

1978 年 7 月 1 日，在曾侯乙墓发掘仅仅 1 个多月后，湖北省博物馆的考古工作者就在随县展览馆举办了"随县擂鼓墩一号墓出土文物汇报展览"。此后 40 多年，曾侯乙墓出土文物的展览一直是湖北省博物馆核心展览，并且多次出境，赴美国、法国、日本、中国香港、中国台湾等国家和地区展出。曾侯乙编钟已经成为中国青铜时代礼乐文明的象征。

2021 年底，我们在湖北省博物馆新馆为观众献上了全新的"曾侯乙展"。此前数十年，诸多前辈为历版展览付出了许多心血。在他们奠定的深厚基础上，伴随着曾国考古和文物研究不断深入，我们希望将一些新认识通过现代展陈手段和形式介绍给观众。在中国博物馆协会的指导和支持下，我通过"策展笔记"的形式对展览策划、设计、施工布展中的经验教训进行了一些总结。在撰写过程中，我得到了方勤、万全文、冯光生、王纪潮、张昌平等领导、专家的指导。展览中的考古资料完全依靠湖北省文物考古研究院黄凤春、郭长江、胡刚等考古学家的支持，他们艰苦的田野考古和研究工作是展览成功最重要的保证。湖北省博物馆保管部蔡路武、王晓钟、翁蓓、陈春、胡百等专家长期整理文物，提供了大量基础信息。陈列部张翔研究员对曾侯乙墓出土文物，特别是编钟乐律学的长期深入思考是展览的重要学术支撑，要二峰博士负责了礼制方面的展览内容，杨辰参加了"曾世家"展览文本的撰写，汤文韵搜集了观众留言和媒体报道。文保部张晓珑提供了预防性保护的相关资料，办公室、市场部、社教部、信息中心同仁策划设计了宣传、文创、教育、线上展示相关方案和活动。书中文物照片由郝勤建、余乐、金陵研究员拍摄。展览由北京天图设计工程有限公司设计施工，主创设计师李涛老师提供了设计方案，王子良、王琪等提供了展柜设备、多媒体控制系统等相关资料。在此，一并表示衷心感谢。